www.ingramcontent.com/pod-product-compliance
Lightning Source LLC
Chambersburg PA
CBHW080850160726
47999CB00009B/3062

ספר

עֵץ חַיִּים

לרבינו

חַיִּים וִיטַאל זצ"ל

שֶׁקִיבֵּל ממרן האר"י זלה"ה

שַׁעַר אזה"פ

שַׁעַר ד' פרק ה'

די"ט ע"ד – ד"כ ע"ב

תש"פ

SimchatChaim.com

בהוצאת

שִׂמְחַת חַיִּים

בס"ד

הקדמה

ירפא **ה**מאציל **ו**יושיע **ה**בורא את כל חולי בני ישראל, וישלח להם רפואה שלימה, רפואת הנפש ורפואת הגוף, בכל אבריהם ובכל גידיהם לעבודתו יתברך.

בי"ב במנחם אב תשס"ה, הובהלתי לבית החולים, הרופאים לא נתנו לי סיכוי לחיות יותר מכמה שעות בגלל מספר תסבוכות. עם כל זאת בזכות התפילות של בני ישראל הקדושים, ברחמיו הרבים, ריחם עלי הקדוש ברוך הוא, ונשארתי בחיים.

עם כל זאת, הובחנה אצלי מחלה קשה בכליות, ונאמר לי שהצטרך למכונת דיאליזה. בשבילי זה היה שוק!!! אף פעם לא הייתי אצל רופא, או בבית חולים. כך בעל כרחי התחברתי למכונת דיאליזה, ומכונה זאת הייתה[1] קשורה בי ככלב במשך שמונים חודשים בדיוק, כמניין **יסוד**, במשך 12-10 שעות ביום.

בשבת פרשת **ויחי יעקב** י"ב טבת תשע"ב, בזכות בני ישראל, שכולם אהובים כולם ברורים כולם גיבורים כולם קדושים... וכולם פותחים את פיהם באהבה שלוש פעמים ביום, ואומרים - **ברוך אתה... רופא חולי עמו ישראל**, וכללותם כל האברכים, תלמידי הישיבות, רבנים וחכמים, חסידים, מקובלים עם תינוקות של בית רבן, זקנים עם נערים, בחורים וגם בתולות, בארץ הקודש ובעולם. ומצד שני בנות ישראל היקרות מפז, שהתפללו וקבלו עליהם כל מיני קבלות, מהפרשת חלה עד צניעות וכיסוי הראש, עם הרבנים, המנהלים, המורים, המורות **והתלמידות של בית יעקב דטורונטו** שכל יום התפללו, וכללו בתפילתם שבקעה את כל הרקיעים אותי, ונושעתי אני הקטן. הושתלה בי כליה. והתנתקתי ממכונת הדיאליזה.

אמר המלך דוד - לולי[2] תורתך שעשעי אז אבדתי בעניי. מה שנתן לי חיות היא התורה הקדושה, בשעות הרבות שהייתי מחובר למכונת הדיאליזה)כ-12 שעות ביום(, ערכתי סדרתי וכתבתי במחשב את הקונטרסים שלמדתי במשך שנים. וקונטרסים אלו הפכו לחיבור, ואחרי התלבטויות ובקשות מבני גילי, החלטתי בעזרתו יתברך להדפיס קונטרסים אלו.

ידוע הוא כי כל דברי האר"י זלל"ה ותלמידיו נאמן ביתו, רבינו חיים ויטאל הם סתומים וחתומים באלפי שרשראות ומנעולים, והרב ז"ל גלה טפח וכיסה אלפים אמה, וכלל דבריהם הוא משלים, עם כל זאת העוסק במשל פועל בעלמות העליונים בנמשל. לכן צריך זהירות גדולה לא להגשים את המשלים, בסוד המבואר בספר הזוהר הקדוש - **ועלייהו אתמר** ועליהם נאמר - **ארור האיש אשר יעשה פסל ומסכה וגומר, ושם בסתר, מאי בסתר מהו בסתר - בסתרו דעלמא** בסתר העולם. **ובגין דא אמר קודשא בריך הוא לא תעשון אתי** ומפני זה אמר הקדוש ברוך הוא לא תעשון אתי אלה"י כסף ואלה"י זהב, **והכי אוקמוה חבריא לא תעשון אתי כדמות שמשי שמשמשין אותי** וכך העמידוהו החברים לא תעשון אתי כדמות שמשי שמשמשים אותי במרום, **לצייר בסתר דילי שום ציור או דמיון** לצייר בסתר שלי שום ציור או דמיון, **דכל מאן דצייר לעיל לקודשא בריך הוא** שכל מי שמצייר למעלה לקדוש ברוך הוא, בסתר)**דאיהי שכינתיה, כלילא מעשר**

---

[1]

גמרא סוטה ד"ג ע"ב - גמרא סוטה ד"ג ע"ב – רבי אלעזר אומר, **קשורה בו ככלב**, שנאמר - ולא שמע אליה לשכב אצלה להיות. עמה לשכב אצלה בעולם הזה. להיות עמה לעולם הבא.

[2]

תהלים קי"ט צ"ב

ספיראן שהיא שכינתו, כלולה מעשר ספירות(, **שום ציור, וצלם, ודמות, כגוונא דמצייריין בשמשיך דיליה** שמצייירים בשמשים שלו, **נשמתיה אתלבשא בההוא צלמא** נשמתו מתלבשת באותו צלם....

וכן הוא בסוף ענף ד' דשער א' בספר עץ חיים שער ההקדמות, וז"ל הטהור - ואמנם דבר גלוי הוא כי אין למעלה גוף ולא כח גוף חלילה. וכל הדמיונות והציורים אלו לא מפני שהם כך חס ושלום. אמנם **לשכך את האוזן** לכשיוכל האדם להבין הדברים העליונים, הרוחניים, בלתי נתפסים, ונרשמים בשכל האנושי. לכן ניתן רשות לדבר בבחינת ציורים ודמיוניים, כאשר הוא פשוט בכל ספרי הזוהר. וגם בפסוקי התורה עצמה כולם כאחד עונים ואומרים בדבר הזה, כמו שאמר הכתוב עיני הוי"ה המה משוטטים בכל הארץ. עיני הוי"ה אל צדיקים. וישמע הוי"ה. וירח הוי"ה. וידבר הוי"ה. וכאלה רבות. וגדולה מכולם מה שאמר הכתוב - ויברא אלהי"ם את האדם בצלמו בצלם אלהי"ם ברא אותו זכר ונקבה וגו'. **ואם התורה עצמה דברה כך** גם אנחנו נוכל לדבר כלשון הזה, עם היות שפשוטו הוא למעלה שם שאין בתכלית הרוחניות, בלתי נתפשים שם כלל, וכמו שאמר הכתוב - כי לא ראיתם כל תמונה, וכאלה רבות. ואמנם יש עוד דרך אחרת כדי להמשיך ולצייר בה הדברים העליונים, והם בחינת כתיבת צורת אותיות, כי כל אות ואות מורה על אור פרטי עליון, וגם תמונת זו דבר פשוט הוא כי אין למעלה לא אות ולא נקודה, **וגם זה דרך משל וציור לשכך את האוזן** כנזכר.....

ולכן כל המבואר כאן בחיבור זה הוא כדי **לשכך את האוזן**. והתרשימים שבסוף החיבור הם כדי **לשבר את העין**, לכן אין שום ביאור והסבר שלם, ואין שום תרשים שלם בתכלית השלמות.

ידוע כי[3] דברי תורה עניים במקומן ועשירים במקום אחר, **ועל אחת כמה וכמה** בדברי הרב ז"ל, שכל סוגיה חסרה[4] במקומה, וחלקיה מפוזרים במקומות אחרים. **זאת ועוד** הרב ז"ל מערבב בדרוש אחד כמה וכמה סוגיות, כאשר בפשטות דבריו נראה שכל הדרוש הוא דרוש אחד, ולא מחולק לסוגיות שונות, ושמועות שונות, **ביאור** דברי הרב ז"ל כאן הם **בעומק, והוא בעצם ליקוט** עד איפה שידי הקצרה הגיעה, מכל חלקי ספר עץ חיים, ושמונה השערים המצויינים לרב ז"ל, מבוא שערים ושאר ספרי הרב ז"ל, והוא גם על פי הקדמת רחובות הנהר למרן הרש"ש, דרושי פנימיות וחיצוניות, דרוש הדעת, סוגיות ערכין, סוגיות דכללות והתכללות, פרטות וכללות, וסוגיות עובי ואורך, ועל פי ביאור גדולי רבותינו חכמי המקובלים לדורותם זלה"ה זי"ע.

ידוע כי[5] אין בר בלי תבן, כך אין ספר בלי טעויות, ועוד יודע אני כי דל ועני אני, **ואין**[6] **עני אלא בדעה**. לכן מבקש אני בכל לשון של בקשה אם יש לכל אחד שאלות, הערות, הארות, תיקונים, נא לשלוח ל - book@simchatchaim.com והשתדל לענות, ולתקן את הצריך תיקון.

בברכה והצלחה בלימוד התורה הקדושה

ובעיקר בפנימיות התורה, תורת האר"י הח"י.

ורפואה שלימה לכל חולי ישראל.

אח"י

3

גמרא ירושלמי, ראש השנה פ"ג הלכה ה' די"ז ע"א – דברי תורה עניים במקומן, ועשירים במקום אחר.

4

תורת חכם דע"ב ע"ב – חסר לשון הוא, כמו שיראה המעיין.

5

גמרא ברכות נ"ה א' - מה לתבן את הבר נאם ה', וכי מה ענין בר ותבן אצל חלום, אלא אמר ר' יוחנן משום ר' שמעון בן יוחאי ,כשם שאי אפשר לבר בלא תבן, כך אי אפשר לחלום בלא דברים בטלים.

6

גמרא נדרים מ"א ע"א – אין עני אלא בדעה .

ב"ה

הקדמה קצרה לחיוב לימוד תורת הקבלה

ישמחו **ה**שמים ו**ת**גל **ה**ארץ ירעם הים ומלאו. שזכינו בדור שלנו שפנימיות התורה, שהיא היא תורת הקבלה, מתפשטת לכל, וכל מקום בעולם היום לומדים בתורת הח"ן. הדור שלנו יש הרבה התעוררות ללמוד סתרי התורה הקדושה, הנקראת חכמת הקבלה. בירושלים של המאה ה 18 בישיבת **בית אל** היו בקושי מנין של מקובלים, והיום תורת הקבלה מופצת בכל מקום בארץ ובעולם. לעניות דעתי אחת הסיבות העיקריות לשינוי זה הוא רצונם של בני התורה, החוזרים בתשובה ועמך לדעת את סוד החיים, למה ברא הקדוש ברוך הוא את העולם, ואת טעמי המצות, ר"ל אי אפשר היום בדור שלנו, להסביר על פי הפשט את הסיבה מדוע אסור לאכול בשר וחלב, מדוע צריך להניח תפילין, למה לשמור דווקא שבת ולא יום שלישי, אי אפשר להגיד כל הזמן **זאת גזרת הכתוב, כך רוצה הקדוש ברוך הוא**, האנשים מחפשים הסברים למצות, לסיפורי התנ"ך, לגלגולי נשמות, ועוד. ורק על ידי עסק בפנימיות התורה, אדם מסיג את ההסברים לקושיות שיש לו. **זאת ועוד** חיים אנחנו בדור של חומריות, והאנשים מחפשים את רוחניות שבחיים, אז מה עושים, נוסעים למזרח, להודו, סין, תאילנד למצוא רוחניות, ולא יודעים **ששורש כל הרוחניות בעולם נמצאת בתורה הקדושה**, עם כל זאת כאשר הלומד את פשט התורה, **הוא לא מכיר** את הקדוש ברוך הוא, והוא בלי יראת שמים ושמחה אמתית. כותב הרב המקובל האלוה"י רבינו יהודה פתייה בפרושו הנפלא על עץ חיים - כי לימוד עץ חיים הוא עמוק מאד מאד, כי הוא **מים שאין להם סוף**, והוא קשה מאד גם לחכמים ההוגים בו תמיד, וכל שכן למתחילים. כי הוא חזק מצור, וקשה מברזל, שאי אפשר לחצוב ממנו מאומה, אם לא על ידי כלי מחצב חזקים כציפורן שמיר. וכל המתחיל בלימוד עץ חיים, אם לא יהיה לו רב, או לפחות איזה מפרש המפרש לו כוונת הפרק ההוא לפי פשוטו, נבול יבול, ואינו יכול לעמוד על הפרק כי אם לאחר יגיעה רבה, ושקידה עצומה, וכולי האי ואולי. כי הרבה פעמים יסבור המעיין שהבין העניין ההוא כראוי, ואחר שילמוד עוד איזה פרקים אחרים, ירגיש כעצמו שלא הבין את פרקים הקודמים, והניסיון יעיד על זה, עד כאן דברי קודשו. עם כל זאת חייב כל אדם לעסוק בתורת ה**ח**יים.

צדיק אתה הוי"ה וישר משפטיך. כתב הרב רבינו חיים ויטאל ז"ל בהקדמה לשער ההקדמות - והנה מה שכתב בתחילת דבריו, ואפילו כל אינון דמשתדלי באורייתא כל חסד דעבדי לגרמייהו וכו', עם היות שפשטו מבואר ובפרט בזמנינו זה, בעוונותינו היום אשר התורה נעשית קרדום לחתוך בה אצל קצת בעלי תורה, אשר עסקם בתורה על מנת לקבל פרס, והספקות יתירות, וגם להיותם מכלל ראשי ישיבות, ודיני סנהדראות, להיות שמם וריחם נודף בכל הארץ, **ודומים במעשיהם לאנשי דור הפלגה הבונים מגדל וראשו בשמים**, ועיקר סיבת מעשיהם היא מה שנאמר אחר כך הכתוב - **ונעשה לנו שם**... והנה על הכת הזאת אמרו בגמרא כל העוסק בתורה שלא לשמה, נוח לו שנהפכה שליתו על פניו, ולא יצא לאויר העולם. ואמנם האנשים האלה מראים תמה וענוה באמרם כי כל עסקם בתורה הוא לשמה. והנה החכם הגדול התנא רבי מאיר ע"ה העיד עליהם שלא כך הוא, באומרו לשון כללות - כל העוסק בתורה לשמה זוכה לדברי הרבה וכו', **ומגלים לו רזי תורה, ונעשה כנהר שאינו פוסק**, והולך

וכמעיין המתגבר מאליו, בלתי הצטרכו לטרוח ולעיין בה, ולהוציא טיפין טיפין של מימי התורה מן הסלע, הנה זה יורה שאינו עוסק בתורה לשמה כהלכתה, ומי זה האיש אשר לא יזלו עיניו דמעות בראותו המשנה הזאת, **ורואה חסרונו ופחיתותו**, עד כאן לשונו. לכן כל אחד צריך לטעום מעץ החיים.

חצות לילה אקום להודות לך על משפטי צדקך. כתב רבינו אליהו מני זצ"ל רבו של הרי"ח הטוב, בספרו הקדוש כסא אליהו שער ד' וז"ל - ואם זיכך הוי"ה ללמוד בחכמת האמת, הנה עצה היעוצה היא שכל סדר הלימוד בנגלה תתנהג בו ביום דווקא. **אבל בלילה תלמוד בחכמת האמת, והעיקר הלימוד אחר חצות**, כי זה הלימוד צריך ישוב דעת הרבה, וכשיקוץ האדם אז דעתו מיושבת עליו יותר. גם גה הלימוד צריך הסתר והצנע, **וכל דבר שיהיה בלילה ובפרט אחר חצות יהיה נסתר יותר מן היום**. ותעשה ועד עם החברים בבית המדרש אם הוא צנוע, **או בביתך ותלמדו בכל לילה**, עד כאן לשונו. וישב ללמוד האדם בלילה תחת עץ החיים.

קראתי בכל לב ענני הוי"ה חקיך אצרה. בהקדמה[7] לשער ההקדמות מבאר הרב ז"ל - ואמנם אל יאמר אדם אלכה לי ואעסוק בחכמת הקבלה, מקודם שיעסוק בתורה במשנה ובתלמוד, כי כבר אמרו רבינו ז"ל - אל יכנס אדם לפרדס **אלא אם כן מלא כריסו בבשר וייין**, והרי זה דומה לנשמה בלתי גוף, שאין לה שכר ומעשה וחשבון, עד היותה מתקשרת בתוך הגוף, בהיותו שלם מתוקן במצות התורה בתרי"ג מצות. **וכן בהפך** בהיותו עוסק בחכמת המשנה והתלמוד בבלי, ולא ייתן חלק גם אל סודות התורה וסתריה, כי **הרי זה דומה לגוף היושב בחושך**, בלתי נשמת אדם נר הוי"ה המאירה בתוכה, **באופן שהגוף יבש בלתי שואף ממקור חיים**, אשר זהו ענין אומרו במקום אחר ההוא הנזכר לעיל וז"ל - דאילין אינון דעבדי לאורייתא יבשה, ולא בעאן לאשתדלא בחכמת הקבלה וכו'. באופן כי התלמידי חכמים העוסקים בתורה לשמה, ולא לשמו, לעשות לו שם. צריך שיעסוק בתחילה בחכמת המקרא, והמשנה, והתלמוד, כפי מה שיוכל שכלו לסבול. ואחר כך יעסוק לדעת את קונו בחכמת האמת, וכמו שציווה דוד המלך ע"ה את שלמה בנו - דע את אלה"י אביך ועבדהו. ואם האיש הזה יהיה כבד וקשה בענין העיון בתלמוד, מוטב לו שיניח את ידו ממנו, אחר שבכן מזלו בחכמה זאת, ויעסוק בחכמת האמת. וזה שמבואר כל תלמיד חכם שאינו רואה סימן יפה בתלמוד בחמשה שנים, שוב אינו רואה, עד כאן דברי קודשו. ומזה כל אחד ואחד חייב להדבק במקור החיים.

חסדך הוי"ה מלאה הארץ חקיך למדני. בשער הגלגולים, בקדמה ט"ז כתב הרב ז"ל - עוד צריך שתדע, כי האדם צריך לקיים כל התרי"ג מצות, במעשה, ובדבור, ובמחשבה. וכמו שאמרו ז"ל על פסוק - זאת התורה לעולה ולמנחה וכו', כל העוסק בפרשת עולה, כאלו הקריב עולה וכו'. וכוונו בזה שהאדם מחוייב לקיים כל התרי"ג מצות בדבור, וכן על דרך זה במחשבה. ואם לא קיים כל התרי"ג בשלשה בחינות הנזכרות, מחוייב להתגלגל עד שישלים אותם. **עוד דע**, כי האדם מחויב לעסוק בתורה בארבעה מדרגות, **שסימנם פרד"ס**, והם, פשט, רמז, דרוש, סוד וצריך שיתגלגל עד שישלים אותם. ובהקדמה י"ז כותב הרב ז"ל, וז"ל - שהאדם **מחוייב לעסוק בתורה בארבעה מדרגות שבה**, והיא זאת, דע, כי כללות כל הנשמות

הם ששים רבוא ולא יותר. והנה התורה היא שרש נשמות ישראל, כי ממנה חוצבו, ובה נשרשו. ולכן יש בתורה ששים רבוא פירושים, וכלם כפי הפשט. וששים רבוא ברמז. וששים רבוא בדרש. **וששים רבוא בסוד.** ונמצא, כי מכל פירוש מן הששים רבוא פרושים, ממנו נתהווה נשמה אחת של ישראל, ולעתיד לבא כל אחד ואחד מישראל, ישיג לדעת כל התורה כפי אותו הפירוש המכוון עם שרש נשמתו, אשר על ידי הפרוש ההוא נברא ונתהווה כנזכר. וכן בגן עדן אחר פטירת האדם, ישיג כל זה. וכן בכל לילה כאשר האדם ישן, ומפקיד נשמתו ויוצאה ועולה למעלה, הנה מי שזוכה לעלות למעלה, מלמדים לו שם אותו הפירוש, שבו תלוי שרש נשמתו. ואמנם הכל כפי מעשיו ביום ההוא, כך באותה הלילה ילמדוהו, פסוק אחד, או פרשה פלונית, כי אז מאיר בו יותר פסוק ההוא משאר הימים. ובלילה האחרת יאיר בנשמתו פסוק אחר, כפי מעשיו של אותו היום, וכולם על דרך הפירוש ההוא אשר תלויה בו שרש נשמתו כנזכר, עד כאן דברי קודשו. ור"ל שכל יהודי ויהודי חייב להשיג את שורש נשמתו, וללמוד את סוד **החיים.**

יבואוני רחמיך ואחיה כי תורתך שעשעי. מבואר במדרש משלי - אמר רבי ישמעאל, בוא וראה כמה קשה יום הדין שעתיד הקדוש ברוך הוא לדון את כל העולם כולו בעמק יהושפט. בזמן שתלמידי חכמים באים לפניו, אומר לכל אחד מהם - כלום עסקת בתורה, אמר לו הן, אומר לו הקדוש ברוך הוא הואיל והודית, אמור לפני מה שקרית, ומה ששנית בישיבה, ומה ששמעת בישיבה. מכאן אמרו - כל מה שקרא אדם יהא תפוש בידו, ומה ששנה כמו כן, שלא תשיגהו בושה ליום הדין. מכאן היה רבי ישמעאל אומר - אוי הלה לאותה בושה, אוי לה לאותה כלימה, ועל זה ביקש דוד מלך ישראל בתפילה ובתחנונים לפני המקום ואמר - הוי"ה בוקר תשמע קולי בוקר אערך לך ואצפה. בא לפניו מי שיש בידו מקרא ואין בידו משנה, הקדוש ברוך הוא הופך את פניו ממנו, ושרי גיהנם מתגברים בו כזאבי ערב, ונוטלין אותו ומשליכין אותו לתוכה. בא לפניו מי שיש בידו שני סדרים או שלושה, אז הקדוש ברוך הוא אומר לו - בני, כל ההלכות למה לא שנית אותם, ואם אומר הקדוש ברוך הוא הניחוהו, מוטב, ואם לאו עושין לו כמידת הראשון. בא לפניו מי שיש בידו הלכות, הקדוש ברוך הוא אומר לו - בני, תורת כהנים למה לא שנית, שיש בה טומאה וטהרה, וטומאת שרצים וטהרת שרצים, טומאת נגעים וטהרת נגעים, טומאת נתקים וטהרת נתקים ובתים, טומאת זבים ולידה וטהרת זבים ולידה, טומאת מצורע וטהרתו, סדר ווידוי יום הכיפורים, וגזירות שוות, ודיני ערכים, וכל דין שדנו ישראל לא דנו אלא מתוכו. בא לפניו מי שיש בידו תורת כהנים, אומר לו הקדוש ברוך הוא - בני, חמישה חומשי תורה למה לא שנית, שיש בהם קריאת שמע, ותפילין, ומזוזה. בא לפניו מי שיש בידו חמישה חומשי תורה, אומר לו - בני, למה לא למדת הגדה, ולא שנית, שבשעה שחכם יושב ודורש, אני מוחל ומכפר עוונותיהם של ישראל, ולא עוד אלא בשעה שעונין אמן יהא שמיה רבה מברך, אפילו נחתם גזר דינם אני מוחל ומכפר להם עוונותיהם. בא לפניו מי שיש בידו הגדה, אומר לו הקדוש ברוך הוא - בני, תלמוד למה לא שנית, שנאמר - כל הנחלים הולכים אל הים והם איננו מלא, זה התלמוד, שיש בו חכמות הרבה. בא מי שיש בידו תלמוד, הקדוש ברוך הוא אומר לו - בני, הואיל ונתעסקת בתלמוד, **צפית במרכבה, צפית בגאווה,** שאין הניה בעולמי, אלא בשעה שתלמידי חכמים יושבים ועוסקים בתורה, מציצין ומביטין ורואין והוגין המון התלמוד הזה - **כסא כבודי היאך הוא עומד. רגל הראשונה במה היא משמשת, שנייה במה היא משמשת, שלישית במה היא משמשת, רביעית במה היא משמשת, חשמל היאך הוא עומד, ובכמה פנים הוא מתהפך בשעה**

אחת, לאי זה רוח הוא משמש, הברק היאך הוא עומד, כמה פנים של זוהר נראין בין כתפיו, לאיזה רוח משמש, כרוב היאך הוא עומד, לאי זה רוח הוא משמש. גדולה מכולם עיון כיסא הכבוד, היאך הוא עומד, עגול הוא כמין מלבן, ומתוקן הוא, כמה גשרים יש בו, כמה הפסק בין גשר לגשר, וכשאני עובר באיזה גשר אני עובר, ובאי זה גשר האופנים עוברים, ובאיזה גשר הגלגלים עוברים. גדולה מכולם מצפורני ועד קודקודי, היאך אני עומד, כמה שיעור בפיסת ידי, וכמה שיעור אצבעות רגלי. גדולה מכולם כיסא כבודי, היאך הוא עומד, לאיזה רוח הוא משמש, באחד בשבת לאיזה רוח הוא משמש, בשני בשבת לאיזה רוח הוא משמש, בשלישי בשבת לאיזה רוח הוא משמש, ברביעי בשבת, בחמישי בשבת, בשישי בשבת לאיזה רוח משמשין, וכי לא זהו הדרי, זהו גדולתי, זהו הדר יופי, שבניי מכירין את כבודי במידה הזאת. ועליו אמר דוד - מה רבו מעשיך הוי"ה, כולם בחכמה עשית, מלאה הארץ קנייניך. עד כאן לשון המדרש. ממדרש זה לומדים על חובת כל אחד ואחד מישראל את לימוד כל חלקי הפרד"ס, ובעיקר את בחינת הסוד שבתורה, הנקרא[8] מעשה מרכבה, ובמעשה בראשית. ומבאר הרב בית לחם יהודה על השינוי שיש בפסוקים במעמד הר סיני, בפסוק אחד כתוב - ויחן שם ישראל תחת ההר. ומספר פסוקים יותר מאוחר כתוב וירא העם וינועו מרחק. וידוע כי כאשר כתוב בתורה ישראל, מדובר בבני ישראל, וכאשר כתוב העם, מדובר על הערב רב. וז"ל הרב בית לחם יהודה - ובזוהר בהעלותך דף קנ"ב ע"א קרי להעוסקים בחכמת האמת, אינון דהוי קיימי בטורא דסיני. וז"ל - חכימין עבדי דמלכא עלאה אינון דקיימו בטורא דסיני, לא מסתכלי אלא בנשמתא, דאיהי עיקרא דכלא אורייתא ממש וכו'. ונראה בעיני אם מותר, משמע אותן שאינן יודעים סודות התורה לא עמדו על הר סיני, עד כאן לשונו. ונראה לי בביאור כוונתו כי בתחלה כשיצאו ישראל לקראת האלהי"ם, היו מתיצבים בתחתית ההר, ואחר כך נאמר וירא העם וינועו ויעמדו מרחק, כי היו יראים פן תאכלם האש הגדולה הזאת וימיתו. והיה מקצת מהעם שהיו ששים ושמחים לקראת השכינה, ולא רצו לזוז ממקומם הראשון, ולעמוד מרחוק, אפילו אם ימיתו ממש. ועליהם הוא מה שכתב בזוהר הנזכר - אינון דקיימו בטורא דסיני, כלומר ולא נעו ועמדו מרחוק, אלא עמדו בטורא דסיני מתחלה ועד סוף, ולכן הם זוכים לחכמת האמת. ואותם הנשמות אשר נעו עם העם ועמדו מרחוק, כן הם עושים גם עתה, שנסים ועומדים מרחוק לחכמת האמת מיראתם, פן תאכלם האש הגדולה הזאת. ולכן על כל אחד ואחד מבני ישראל הקדושים מחויב לעמוד תחת עץ החיים.

יראיך יראוני וישמחו כי לדברך יחלתי. בספר הזוהר הקדוש מבואר מדוע התפילות של בני ישראל לא נענות, וז"ל תיקוני הזוהר תיקון מ"ג - בראשית תמן את"ר יב"ש במלת בראשית יש אותיות את"ר יב"ש, ודא איהו ונהר יחרב ויבש היסוד הנקרא נהר יחרב ויבש ממי השפע, ואין לו מה להשפיע למלכות, בההוא זמנא דאיהו יבש באותו הזמן שהיסוד הוא יבש, ואיהי יבשה המלכות הנקראת יבשה, היא יבשה כי לא מקבלת שפע מהיסוד, אז כאשר צווחין בנין לתתא מתפללים וצועקים בני ישראל, ביחודא ואמרין וביחוד שאומרים בני ישראל שמע ישראל שיבא ז"א הנקרא ישראל להתיחד עם נוקבא בשעת התפילה דעמידה, עם כל זאת ואין קול של התפילה או הקריאת שמע שעוזרים לזיווג דזו"ן ואין עונה ואין מי שיענה וימלא את הבקשות בתפילתם. הדא הוא דכתיב וזהו שכתוב - אז בני ישראל יקראוני

8

גמרא חגיגה די"א ע"ב

בני ישראל בעת צרתם בקריאת שמע ובתפילה, **ולא אענה** ואני לא אענה אותם בתפלתם, מפני שלא לומדים ומתעסקים בפנימיות התורה. **והכי מאן דגרים דאסתלק** וכל מי שגורם הסלקות פנימיות תורת הקבלה **וחכמתא מאורייתא דבעל פה ומאורייתא דבכתב** מהתורה שבעל פה והתורה שבכתב, **וגרים דלא ישתדלון בהון** וגורמים גם לאחרים שלא יתעסקו וילמדו את חכמת הקבלה, **ואמרין דלא אית אלא פשט באורייתא ובתלמודא** ואומרים שאין בתורה ובתלמוד אלא פשט התורה, בלי פנימיות הסוד, **בודאי כאלו הוא יסלק נביעו מההוא נהר** בודאי נחשב לו כאילו הוא מסתלק את נביעת שפע החכמה והבינה מן היסוד, **ומההוא גן** ומן הנוקבא הנקראת גן, **ווי ליה** לאותו יהודי **טב ליה דלא אתברי בעלמא** טוב לו שלא היה נברא, **ולא יוליף ההיא אורייתא דבכתב ואורייתא דבעל פה** ולא היה לומד תורה שבכתב ותורה שבעל פה, כי דינו כעם הארץ שלא למד כלל, ועוד **דאתחשב ליה כאלו אחזר עלמא לתהו ובהו** שנחשב לו כאילו החזיר את העולם לתהו ובהו, ר"ל לסוד שבירת הכלים לפי שמגביר הקליפות כאשר הנהר והגן יבשים, **וגרים עניותא בעלמא ואורך גלותא** וגורם עניות בעולם ומאריך את הגלות השכינה וביאת המשיח. עד כאן דברי הזוהר הקדוש. וכותב רב חיים ויטאל זלה"ה בהקדמה וז"ל - אמנם שעשועות של הקדוש ברוך הוא בתורה, והיותו בורא בה את העולמו, היתה בהיותו עוסק בתורה בבחינת הנשמה הפנימית שבה, הנקרא - רזי תורה, הנקרא מעשה מרכבה, **היא חכמת הקבלה** כנודע אל היודעים, וטעם הדבר הוא להיותו עולם האצילות העליון מאד, טוב ולא רע, דלא יכיל להתערבא עמיה קליפה, ועליה אתמר - וכבודי לאחר לא אתן, כנזכר בספר התיקונין דף ס"ו תיקון י"ח, וכן בספר הזוהר בפרשת בראשית דף כ"ח ע"א עיין שם. ולכן גם התורה אשר שם]**אח**[**"י** - בעולם האצילות[איננה רק מופשטת מכל לבושי הגופנין, מה שאין כן למטה בעולם היצירה, עולם דמטטרו"ן, הנקרא עבד טוב, והוא הנקרא עץ הדעת טוב מסטרא, ומסטרא דסמא"ל שהוא קליפין דיליה, **נקרא עבד רע**, כי התורה אשר שם, הם שית סדרי משנה **הנקראים שפחה** כנזכר לעיל, וכנזכר בפרשת בראשית שם דף כ"ז ע"א. ולכן נקראת משנה, לפי ששם יש שינויים הפוכים **טוב מסטרא דעבד טוב**, היתר, כשר, טהור. **רע מסטרא דעבד רע**, איסור, טמא, פסול. גם הוא מלשון כי מרדכי היהודי משנה למלך, שהיה שפחה הנקרא עבד מלך, מלך גם נקרא מלשון שינה, כנזכר בפרשת פינחס דף רמ"ד ע"ב - קם זמנא תנינא ואמר, מארי מתניתין נשמתין ורוחין ונפשין דילכון אתערו כען ואעברו שינתא מניכון דאיהו, ודאי משנה אורח פשט, דהאי עלמא ואנא לא אתערנא בכו, אלא ברזין עילאין דעלמא דאתי דאתון בהון, לא ינום ולא ישן. וזה יובן במה שמבואר יותר למעלה שם - **ורבנן דמתניתין ואמוראי, כל תלמודא דלהון על רזין דאורייתא סדרו ליה**. ונמצא כי המשנה והש"ס הם הנקרא גופי תורה. והנה דבריהם כחלום בלי פתרון, **ורזיה וסתריה הפנימים הנקרא בנשמת התורה, הם הם פתרון החלום הנפתר בהקיץ**, בסוד - אני ישנה ולבי ער, וכמו[9] שאמרו חכמים ז"ל - **במחשכים הושיבני כמתי עולם, זה תלמוד בבלי**, אשר איננו מאיר אלא על ידי ספר הזוהר, **הם הם רזי תורה וסתריה** אשר עליהם נאמר - ותורה אור. ואין ספק כי כמו שהיוצר נקראת עבד ושפחה בערך האצילות, ונקרא קליפין ולבושין דחול, כנזכר בהקדמת ספר התיקונין ד"ג ע"ב וז"ל - וביומי דחול לביש עשר כתות דמלאכיא דמשמשי לעשר ספירות דבריאה. ואם כן אין לתמוה כי התורה אשר שם שהיא המשנה, תהיה נקרא שפחה וקליפין דתורה דאצילות, וזה סוד כל הבשר חציר הנזכר

9

סנהדרין דכ"ד ע"א.

7

לעיל במאמר הראשון, כי כמו שהחטה שהיא בגימטריא כמנין כ"ב אותיות התורה, הגנוזה תוך כמה קליפין ולבושין שהם הסובין והמורסן והתבן והקש והעשב, הנקרא חציר, כן המשנה אצל סודות התורה נקרא חציר, וזה נרמז בספר הזוהר פרשת כי תצא ברעיא מהמנא דף רע"ה ע"ב - **אצל רבנן ווי לאינון דאכלין תבן דאורייתא, ולא ידעי בסתרי אורייתא, אלא קלין וחמורין דאורייתא, קלין אינון תבן דאורייתא, וחמורין אינון חטה דאורייתא, ח"ט ה' אלבא דטוב ורע וכו'**. ואלו באתי להרחיב דרוש זה לא יספיקו מאה קונטרסין בלי ספק בלי שום גוזמא, האמנם החכם עיניו בראשו כי דברי אמת אני אומר, ואל יתמה האדם בראותו ספר הזוהר איך קורא אל המשנה שפחה וקליפין, כי עסק המשנה כפי פשטיה, **אין ספק שהם לבושין וקליפין חיצונים בתכלית אצל סודות התורה הנגנזים**, ונרמזים בפנימיותה כי כל פשטיה הם בעלם הזה בדברים חומרים תחתונים...... על כן על כל בני ישראל לאכול מעץ החיים.

מה אהבתי תורתך כל היום היא שיחתי. ומבאר הרב ז"ל בהקדמה לשער המצות, כי עסק לימוד פנימיות התורה הוא חלק בלתי נפרד מתלמוד תורה, וז"ל - גם בענין עסק התורה שהיא אחת מרמ"ח מצות עשה, אם לא השלים אותה, **שהוא ענין עסקו בפרד"ס התורה**, שהוא ראשי תיבות **פשט רמז דרש סוד**, בכל בחינה מהם כפי אשר יוכל להשיג, **עד מקום שידו מגעת**, לטרוח ולעשות לו רב שילמדנו. ואם לא עשה כן, הרי חסר מצוה אחת של תלמוד תורה, שהיא גדולה ושקולה ככל המצות, וצריך **להתגלגל** עד שיטרח הארבעה בחינות של פרד"ס כנזכר. וכן מבאר הרב בית לחם יהודה בהקדמתו הקדושה, וז"ל - ומה מאד נמלצו **[אח]"י** - מלשון מליצה] בזה דברי הנביא ירמיה)סימן כ"ב(באומרו - אל תבכו למת וכו'. שהוא מדבר עם הציבור המתקבצים להספיד על איזה צדיק הנפטר רח"ל, על שנחסר צדיק אחד מהדור שהיה מנין בזכותו עליהם. וקאמר להו הנביא אל תבכו וכו', **לפי שרובם של צדיקים אינם זוכים לעסוק בכל ארבעה חלקי הפרד"ס, ואם כן מוכרחים הם לחזור ולבוא בגלגול כדי להשלים לימודם בארבעה חלקים**, כי אפילו הוא עסק בשלוש חלקי הפרד"ס, לא יצא ידי חובתו, ועליו נאמר הן כל אלה יפעל א"ל פעמים שלש עם גבר, להחזירו בגלגול. ואם כן הוי פסידא דהדרא. ואפשר שבו ביום שנפטר הוא חוזר ומתגלגל, כנזכר בזוהר ריש פרשת אמור, יעו"ש. ואם כן אין לכם פסידא כל כך. אמנם בכו בכו להלך, לאותו צדיק שכבר עסק בארבעה חלקי הפרד"ס. כי תיבת להלך היא חסר ו', ואם תחשוב תיבת להלך ארבעה פעמים עם ארבעה הכוללים, שהם כנגד ארבעה חלקי הפרד"ס, הם בגימטריא פרד"ס. **שזה הצדיק לא ישוב עוד וראה את ארץ מולדתו, כי על ארבעה לא אשיבנו.** שזהו פסידא דלא הדרא באמת, ונחסר לגמרי מן העולם הזה, עד כאן לשונו. ולכן חובה על כל אדם לעסוק בכל חלקי הפרד"ס, ובפרט בחלק הסוד, הנקרא פנימיות התורה, כמבואר בזוהר הקדוש כמובא בזוהר הקדוש פרשת נשא דף קכ"ד - **בהאי חבורא דילך דאיהו ספר הזוהר יפקון ביה מן גלותא ברחמי**, בזכות הלימוד בספר הזוהר הקדוש, יצאו בני ישראל מהגלות **ברחמים**. ועוד כל מי שחשקה נפשו ללמוד, אסור למנוע זאת ממנו, בסוד הפסוק[10] - אל תמנע טוב מבעליו, ועל כל אדם להיכנס לפרד"ס החיים.

משלי ג' כ"ז - אל תמנע טוב מבעליו בהיות לאל ידך לעשות.

אשרי האיש אשר לא הלך בעצת רשעים ובדרך חטאים לא עמד ובמושב לצים לא ישב. דע כי יהיו הרבה אנשים רשעים, שינסו למנוע מבני ישראל הקדושים ללמוד בכללות תורה, ובפרט את תורת הקבלה, מכל מיני סיבות ומניעות, והשטן מדבר מגרונם של אלו הרשעים. ואלו דברי קודשו של בעל שבט מוסר רבינו אליהו הכהן האתמרי זצלה"ה - ובהביטך בן אדם מה שעבר על אחרים למה תרדוף אתה אחר כל אלה הדברים הזרים, להשביע נפש מרורים ולמוסרה ביד צרים המה המקטרגים הצוררים, ולמה לא תחמול על נפשך ועל נועם תבנית צלם גופך למוסרו בידן ולהשליכו בתוך גחלי רתמים בטיט היון של גיהנם, להשחירו ולהתיכו כאשר ניתך הזפת בפני האש, אשר על כן תן עצה אתה בנפשך **לברור בדרך החיים בעסק התורה והמצות**, וגם להצטער עצמך זמן קצוב הם חיי עולם הזה, כדי שתתענג זמן רב בלתי סוף ותכלית, ואל יעלה על דעתך כאשר עלה בדעת הרבה שנאבדו בידם באומרם כיון שמכיר אני בעצמי שאין בדעתי להבין ולהשכיל, איני עוסק בתורה, טועה הוא בדבר, שהרי הוא מחוייב לעשות מה שנצטוה לעשות, ואם יבין, **שהרי והגית בו יומם ולילה כתיב** ולא כתיב ותבין בו, וכן תמצא בדברי התנא אם למדת תורה הרבה נותנין לך שכר הרבה, ואינו אומר אם הבנת הרבה, אלא למדת אמרו, ותשתדל להבין ואם תבין תבין, ואם לא שכר לימודך בידך, וכמאמר התנא לפום צערא אגרא, ומה שאמרו האדם אינו לומד מפני שאיני מבין, **הוא פיתוי היצר**, יתמיד בלימודו וסוף הבינה לבא, שבראות קדוש ברוך הוא **חשקו בתורתו ודבקותו בה, פותח לו מעייני החכמה**, דכתיב - כי הוי"ה יתן חכמה מפיו דעת ותבונה. והנני מוסר לך דבר אשר תרדוף אחריה, ויהיה חיים לנפשך וענקים לגרגרותיך, **לעולם יהיה עיקר לימודך בדבר של תורה שליבך חפץ יותר**, אם בגמרא גמרא, ואם בדרוש דרוש, ואם ברמז רמז, **ואם בקבלה קבלה**, ורמז לדבר כי אם בתורת הוי"ה חפצו, כלומר תורת הוי"ה תלויה בדבר שלבו חפץ לעסוק, וכמו שמבאר האר"י זלה"ה בספר דרושי הנשמות והגלגולים פרק שלישי, וז"ל - יש בני אדם שכל חפצם ועסקם בפשטי התורה, ויש שעסקם בדרוש, ויש ברמז, ויש גם כן בגימטריות, **ויש בדרך האמת**, הכל כפי מה שעליו נתגלגל בפעם ההוא, כיון שהשלים פעם אחרת בשאר העניינים, אין צורך לו שבכל גלגול יעסוק בכולם, עד כאן לשונו. **ואל תביט ותשגיח לדברי המתנגדים על מה שחשקת לעסוק בתורה** בגמרא או בפשט או בדרוש וכו', באומרם לך למה אתה מוציא כל ימיך בפרט זה של תורה ולא בפרט זה, משום שעל מה שחשקת ללמוד, על דבר זה זה באת לעולם, ואם תשים דעתך לדבריהם, יכריחוך להתגלגל בזה העולם פעם אחרת ולעבור נפשך בחרב חדה של מלאך המות ולטעום טעם מיתה, ולכן לא תשמע לדברי המשחית נפשך, **כי דע שהשטן מתלבש באלו האנשים לדאוג ולהצטער ולהכאיב נפש הלומד ועוסק בתורה**, בחלק שֶׁאַתָּה נפשו לעסוק, כדי להבדילו משם שלא ישלים נפשו, על מה שבא להשלימה, ולהכריחו גלגולים אחרים, וכשם שבדבר שחושק יותר האדם ללמוד, משם יבין שעל דבר זה נתגלגל להשלים, כך צריך האדם שידע שורש נשמתו ומהיכן נמשך ועל מה בא לתקן ולהשלים, כמו שאמר בזוהר שיר השירים על הגידה לי את שאהבה נפשי וכו'. **וכדי שיבין יראה באיזה מצוה תקיף יצרו יותר לבטלה יתחזק בה לקיימה, כי בוודאי על מצוה זו נתגלגל**, וכדי שלא ישלים חוקו מנגדו יצרו לבטלה להוציאו מן העולם בידיים ריקניות... ולכן לא תשמע לדברי רשעים אלו, אלא תשמע לדברי חיים.

חבר אני לכל אשר יראוך ולשמרי פקודיך. בסוף[11] עץ חיים מובא מספר כללים למהרח"ו, וז"ל - להאר"י זלה"ה. הרמב"ן וחבריו ודברי ראשונים כמו רבי נחוניא בן הקנה לא הזכירו רק עשר ספירות, ולא גילו עניני פרצוף כלל. **ודע שהרמב"ן והראשונים היו יודעים בפרצוף**, אלא שדברו בהעלם גדול, לרוב הגלות שלא ניתן רשות לגלות, ולהתפשט האורות הגדולים, מאחר שגברו הקליפות, וכל זר לא יאכל קדש. **אמנם בעקבות משיחא כמו בדורינו זה התחילו האורות להתפשט להיות כבראשונה**, כמו שהיה בזמן העולם מתוקן ולהתתקן מעט. ומתחלה היו האורות סתומים, היה העולם מקולקל, וכל מה שנתקלקל נסתם בגלות, ולא היו משיגין אלא עשר ספירות בסתום, בסוד הנקודות, כל אחד כלול מעשר, ובענין הפרצופים לא נתגלה להם כלל, לפי שמצאו בדברי הראשונים סתומים, ולא ידעו עומק הדברים, וחשבו שכך הוא ודברו בעשר ספירות כל אחד כלול מעשר ובבחינות הרבה, ולפי שראיתי מי שחולק על דברים אלו לאמור שלא מצינו אלא עשר ספירות, ומהיכן יש לשלוט כח לאמור כמה פרצופים שנמצא יותר מעשר ספירות, ומספר רב והלא הראשונים כתבו בספר יצירה - עשר ולא תשע, עשר ולא י"א, לזה באתי לפתוח לך כחודא דמחטא, אולי תזכה להבין מקצת, וכולו לא תשורנו עין, וזהו. ובהקדמתו[12] הקדושה כותב הרב ז"ל - והנה אין בכל דור ודור שלא נמצאו בו אנשים יחידי סגולה ששרתה עליהם רוח הקודש, והיה אליהו הנביא ז"ל נגלה עליהם, **ומלמד אותם סתרי החכמה הזאת**, וכמו שנמצא כתוב בספרי המקובלים, גם בעל ספר הרקנטי כתב בפרשת נשא בפרשת ברכת כהנים...... ואנשי לבב שמעו לי, אל יהרסו אל הוי"ה, **לראות בספרי האחרונים הבנויים על פי השכל האנושי**, ושומע לי ישכון בטח ושאנן מפחד רעה. ולכן אני הכותב הצעיר חיים וויטאל, רציתי לזכות את הרבים **בהעלם נמרץ והמשכילים יבינו**, וקראתי שם החבור הזה על שמי **ספר עץ חיים**, וגם על שם החכמה הזאת העצומה, חכמת הזוהר, הנקרא עץ חיים, ולא עץ הדעת כנזכר לעיל, בעבור כי בחכמה הזאת טועמיה חיים זכו, וזכו לארצות החיים הנצחיים, **ומעץ החיים הזה ממנו תאכל, ואכל וחי לעולם**. ואשכילך ואורך דרך זו תלך דע מן היום אשר מורי זלה"ה החל לגלות זאת החכמה, **לא זזה ידי מתוך ידו אפילו רגע אחד**, וכל אשר תמצא כתוב באיזה קונטריסים על שמו ז"ל, ויהיה מנגד מה שכתבתי בספר הזה, **טעות גמור הוא, כי לא הבינו דבריו, ואם יש בהם איזה תוספות שאינו חולק עם ספרינו זה, אל תשית לבך בקבע אליו, כי שום אחד מהשומעים את דברי קדשו, לא ירדו לעומק דבריו וכוונתו, ולא הבינום**, בלי שום ספק. ואם יעלה בדעתך לחשוב שתוכל לברור הטוב ולהניח הרע, אל בינתך אל תשען, כי אין הדברים האלו מסורים אל לב האדם כפי שכל אנושי, והסברא בהם סכנה עצומה, ויחשב בכלל קוצץ בנטיעות חס ושלום, לכן הזהרתיך ואל תסתכל בשום קונטרסים הנכתבים בשם מורי זלה"ה, זולתי במה שכתבנו לך בספר הזה, **ודי לך בהתראה זאת**, אלו הם דברי קודשו. ועלינו ללמוד אך ורק בתורת מורינו חיים.

אני קראתיך כי תענני אל הט אזנך לי שמע אמרתי. עוד כתב הרב ז"ל בהקדמתו תנאים כדי לזכות לחכמה הקדושה הזאת, וז"ל - אני הכותב משביע בשמו הגדול יתברך, לכל מי שיפלו

11

ע"ח ח"ב דקי"ט ע"א.

12

ע"ח ד ד"ד ע"ב.

הקונרטסים אלו לידו, שיקרא הקדמה זאת, ואם אותה נפשו לבוא בחדרת החכמה זאת, יקבל עליו לגמור ולקיים כל מה שאכתוב ויעיד עליו יוצר בראשית, שלא יבוא אליו היזק בגופו ונפשו, ובכל אשר לו, ולא לאחרים. תחת רודפו טוב והבא לטהר ולקרב. **ראשית הכל יראת הוי"ה, להשיג יראת העונש, כי יראת הרוממות, שהוא יראה הפנימית, לא ישיגוהו רק מתוך גדלות החכמה**, ועיקר מגמתו בידיעה הזה יהיה לבער קוצים מן הכרם, כי לכן נקראים העוסקים בחכמה הזאת מחצדי חקלא. **ובודאי שיתעוררו הקליפות נגדו לפתותו ולהחטיאו, לכן יזהר שלא לבוא לידי חטא אפילו שוגג**, שלא יהיה להם שייכות בו, לכן צריך ליזהר מהקלות, כי הקדוש ברוך הוא מדרדק עם הצדיקים כחוט השערה, לכן צריך לפרוש עצמו מבשר ויין כל ימות השבוע, **וצריך הזהרת סור מרע ועשה טוב**, ובקש שלום. בקש שלום צריך להיות רודף שלום, ולא להקפיד בביתו על דבר קטן וגדול, וכל שכן שלא יכעוס ח"ו.

וצריך להתרחק בתכלית הריחוק סור מרע.

א. ליזהר בכל דקדוקי מצות, ואפילו בדברי חכמים, שהם בכלל לא תסור.

ב. לתקן המעוות קודם שיבא לעולם הבא.

ג. יזהר מהכעס, אפילו בשעה שמוכיח את בניו, לא יכעוס כלל ועיקר.

ד. גם צריך ליזהר מהגאוה, ובפרט בענין הלכה, כי גדול כחה והגאוה, בזה עון פלילי.

ה. בכל צער שיבא לו, יפשפש במעשיו וישוב אל הוי"ה.

ו. גם יטבול בעת הצורך לו.

ז. גם יקדש את עצמו בתשמיש המטה שלא יהנה.

ח. שלא יעבור כל לילה ויחשוב בכל לילה מה שעשה ביום, ויתודה.

ט. גם ימעט בעסקיו ואם אין לו פרנסה כי אם על ידי משא ומתן, יכין יום שלישי ויום רביעי, מחצי היום ואילך, ובכוונה שהוא לעבודת קונו.

י. כל דבור שאינו של מצוה והכרחי, יהיה זהיר ממנו, ואפילו דבר מצוה ימנע בשעת התפלה.

ועשה טוב

א. לקום בחצי הלילה, ולעשות הסדר בשק ואפר ובכי גדול, ובכוונה כל אשר יוציא בשפתיו. ואחר כך יעסוק בתורה כל זמן שיוכל להיות בלי שינה, ובלבד שחצי שעה קודם עלות השחר יתעורר לעסוק בתורה.

ב. ילך לבית הכנסת קודם עלות השחר, קודם חיוב טלית ותפילין, להיזהר שיהיה מעשרה ראשונים.

ג. קודם שיכנס, ישים אל לבו מצות עשה ואהבת לרעך כמוך, ואחר כך יכנס.

ד. להשלים רמז צדיק בכל יום. שהוא צ' אמנים, ד' קדושות, י' קדישים, ק' ברכות.

ה. שלא להסיח דעתו מהתפילין בעת התפילה, זולת בעת העמידה ועסק התורה.

ו. צריך שיהיה עוסק בתורה, מעוטף בטלית ותפילין.

ז. לכוין בתפלה הכוונות, כמו שנבאר בע"ה.

ח. שישים תמיד נגד עיניו שם בן ארבעה אותיות הוי"ה, ויזדעזע ממנו, כמו שכתוב - שויתי הוי"ה לנגדי תמיד.

ט. שיכוין בכל הברכות, בפרט בברכת הנהנין.

י. צריך שיהיה עמל בתורה פרד"ס, שנאמר או יחזיק במעוזי, ואל יחשוב שיגלו לו רזי התורה בהיותו ריק, כדכתיב - יהב חכמתא לחכמין, וצריך ליזהר שלא יוציא בשפתיו בחכמה זו, מה שלא שמע מאדם שראוי לסמוך עליו, וכאזהרת רשב"י וחבריו. השגת החכמה תנאי הראשון, צריך למעט דבורו, ולשתוק, כל מה שיוכל כדי שלא להוציא שיחה בטילה, כמאמר רז"ל - סייג לחכמה שתיקה. גם תנאי אחר, על כל דבר תורה שלא תבינהו, תבכה עליו כל מה שתוכל. גם עלית הנשמה בלילה לעולם העליון, שלא תשוט בהבלי העולם, תלוי שתישן בבכיה. ומרת עצבות מגונה עד מאוד, ובפרט להשיג חכמה, והשגה אין לך דבר מונע השגה יותר מזה. גם בענין השגת האדם, אין לך דבר שמועיל כמו הטהרה והטבילה, שיהיה האדם טהור, בכל עת ומורי זלה"ה עם היות שהיה לו חולי השבר שהטקור מזיק לו, עם כל זה לא היה מונע מלטבול בכל עת, עד כאן דברי קודשו. ועלינו לקיים את בקשת הרב ז"ל את הבחינות של[13] סור מרע ועשה טוב, כדי לטפס בעץ החיים.

מרן הרש"ש[14] מעיד על עצמו, וז"ל - וראיתי מה שכתבו מעלת כבוד תורתם, על ענין עבודת הוי"ה שקצרתי במקום שהיה ראוי להרחיב מעט הדיבור, אמת הוא כי לכתחילה קצרתי בו, **יען ראיתי כמה מהנזק יצא ממה שכתבו בזה המקובלים שקדמו, כי רבים חללים הפילו, וחלול כבוד הוי"ה, וכבוד התורה. הוי"ה יכפר בעדם,** כי כל דבריהם לא על פי התורה הם, ואינם מיוסדים על האמת, ומהם יצאו אבות, ומאבות תולדות הריסת יסודי התורה ח"ו, הוי"ה יכפר. **וכל זה לא שלמדתי בדבריהם ח"ו,** אלא שפעם אחת הוכרחתי בעל כרחי לעיין בדף אחד שכתוב בו קצור מה שכתבו בענין זה, **וכמעט שקרעתי בגדי לראות דברים אשר לא כן על הוי"ה.** הוי"ה יכפר, וכבר מילתי אמורה להם, **כי עידי בשמים כי כל עסקי ולמודי, אינו רק בדברי האר"י זלה"ה, ותלמידו מהרח"ו ז"ל לבדם, ובלעדם אין לי עסק בשום ספר מספרי המקובלים ראשונים ואחרונים, ואפילו בדברי שאר תלמידי האר"י ז"ל לא למדתי, וכשיזדמן לפני דבר מדבריהם, אני מדלגו.** כי על כן איני כמזהיר, אלא כמזכיר, למען הוי"ה אל יהי לכם מגע יד בדבריהם, ובפרט בענין זה, השמרו לכם פן יפתה לבבכם, **אלא כל לימודם לא יהיה אלא בעץ חיים ובספר מבוא שערים ובשמונה שערים המפורסמים,** שכולם דברי אלהי"ם חיים. ואני קצרתי בענין זה כל מה שאפשר, כי יראתי פן יפלו דפים אלו ביד מי שעדיין לא למד דברי האר"י ז"ל כראוי, **ויחשידני שלמדתי בספרים אחרים, ולא כן הוא כאמור,** ולכן קצרתי בו, ופיזרתי בהקדמה, עד כאן דברי קודשו של מרן הרש"ש. ואנחנו תפילה שיתגלה משיח צדיקנו במהרה בימינו, ומלאה[15] הארץ דעה את הוי"ה כמים לים מכסים, דעת תורת החיים.

13

תהלים ל"ד ט"ו – סור מרע ועשה טוב בקש שלום ורדפהו.

14

נהר שלום דף ל"ד ע"א.

15

ישעיהו י"א ט' – לא ירעו ולא ישחיתו בכל הר קדשי כי מלאה הארץ דעה את הוי"ה כמים לים מכסים.

כתב רבינו גאון הקבלה רבי אליהו מני, רבו של הרי"ח הטוב, רבי יוסף חיים בעל הספר "בן איש חי", בספרו הקדוש **כסא אליהו** כי על הלומד ללמוד כל מאמר ומאמר ארבעה חמשה פעמים בלי המפרשים, וינסה להבין את המאמר בעצמו. ואחר כך ילך לראות אם כיוון לדעת המפרשים.

וכן אני הקטן מבקש בכל לשון של בקשה, ללמוד את הדרוש כמו שהוא מובא בספר עץ חיים, ארבעה חמישה פעמים, כדי לנסות להבין את הדרוש. וכל דרוש מובא בתחילת הספר במלואו.

אחר כך יכנס ללמוד את הדרוש עם ביאור הדברים, עוד ארבעה חמישה פעמים, ואחר כך יראה את המקורות להגהות, ודברי רבותינו הקדושים, עם התרשימים וטבלאות.

ואז יעלה ויצליח בלימוד תורת האר"י הח"י.

כתב רבינו **השד"ה** רבי שאול דווייק הכהן, בהקדמת ספרו איפה שלימה, על אוצרות חיים וז"ל - וכדי שיוכל לעלות לימודו למעלה, ריח ניחוח לה'. קודם כל לימוד ימסור עצמו על קדושת ה', כי זה מועיל מאוד, כמו שכתוב בשער הכוונות דף כ"ד ע"ב, כי עתה בזמנינו בעונותינו הרבים אין יכולת לעשות זווג כתיקונו למעלה, ולסיבה זו הקץ מתארך וכו'. אמנם עם כל זה יש קצת תיקון במה שנמסור נפשינו על קידוש ה' בכל הלב, כי על ידי כן אפילו אין בנו שום מעשים טובים, והרשענו עד להפליא. הנה על ידי מסירת נפשינו להריגה, מתכפרים עונותינו כולם, ויש בנו יכולת לעלות עד אימא עילאה, כמו שאמרו חז"ל - גדולה תשובה שמגעת עד כסא הכבוד, שנאמר - שובה ישראל עד ה' וכו', עד כאן דבריו.

וזה הסדר

יקבל עליו ארבע מיתות בית דין, מארבעה אותיות הוי"ה וארבעה אותיות אדנ"י, וליחדם על ידי ארבעה אותיות אהי"ה ועל ידי עסמ"ב

סקילה	י	**א**	וליחדם על ידי **א**		יוד ה'י ויו ה'י
שרפה	ה'	**ד**	וליחדם על ידי ה'		יוד ה'י ואו ה'י
הרג	ו	**נ**	וליחדם על ידי י		יוד ה'א ואו ה'א
וחנק	ה'	י	וליחדם על ידי ה'		יוד ה'ה וו ה'ה

לְשֵׁם יְזוּוד

קֻדְשָׁא בְּרִיךְ הוּא וּשְׁכִינְתֵּה

יאהדונהי

בְּדְזֹזֵילוּ וּרְזֹזֵימוּ   וּרְזֹזֵימוּ וּדְזֹזֵילוּ

יאההויהה   איההויהה

לְיַחֲדָא אוֹתִיּוֹת י"ה בּו"ה, בְּיִחוּדָא שְׁלִים

יהו"ה

בְּשֵׁם כָּל יִשְׂרָאֵל, לְאָקְמָא שְׁכִינְתָּא מֵעַפְרָא, הָרֵינִי לוֹמֵד בַּסֵפֶר קַבָּלָה פְּלוֹנִי שֶׁהוּא כְּנֶגֶד תִּפְאֶרֶת דז"א בְּעוֹלָם הָאֲצִילוּת שֶׁבּוֹ שֵׁם מ"ה כְּזֶה יו"ד ה"א וָא"ו ה"א לַעֲשׂוֹת מֶרְכָּבָה. וִיהִי רָצוֹן מִלְפָנֶיךָ ה' אֱלֹהֵינוּ וֵאלֹהֵי אֲבוֹתֵינוּ שֶׁתְּזַכֵּךְ רוּחֵנוּ וְנַפְשֵׁינוּ שֶׁיְהִי רְאוּיִם לְעוֹרֵר מַיִן תַּתָּאִין עַל יְדֵי קְרִיאַת סֵפֶר הַקַבָּלָה הַזֹּאת. וִיהִי נוֹעַם יְהֹוָה אֱלֹהֵינוּ עָלֵינוּ וּמַעֲשֵׂה יָדֵינוּ כּוֹנְנָה עָלֵינוּ וּמַעֲשֵׂה יָדֵינוּ כּוֹנְנֵהוּ.

בָּרוּךְ ה' לְעוֹלָם אָמֵן וְאָמֵן, נָצַח, סֶלָה, וָעֶד.

שער ד' פרק ה'

והנה לעיל פירשנו כסדרן והוא ממטה למעלה אז"ן וכבר ביארנו טעם של א"ז מאז"ן ועתה נבאר ן' מאז"ן איך הוא עיקרית מכל. והנה הלא כאשר נמנה עיקר כל אלו אינם רק כ"ה והוא כי ה' אחרונה כבר ירדה למטה ולא נשאר בה רק ב' ההי"ן למעלה ואותיות ואי"ו הרי כ"א וב' חלקים מן י' דה"י עילאה שירדה תוך ואי"ו הרי כ"ה הוא כ"ה אתוון דק"ש לכן שמע הם לשון שמיעה להורות שכולם תלויים באזן לכן הקורא את שמע צריך להשמיע לאזניו כי משם מציאותם. אמנם כ"ה אלו מוכרח שיהיה בהם פנימיות וחיצו' שהם ן' וז"ס ויפן כ"ה וכ"ה והם ב' יחודים שמע ובשכמל"ו של ק"ש כנודע והנה אלו הם הנ"ן פשוטה של אזן שהוא עיקרית וח' אחרים הם דרך תוס' וגם הם נחלקים לב' שהם א"ז מאזן. ואמנם כבר ידעת כי הבינה היא י']נ"א היא ד"ו[ספירות וכ"א כלולה מי' הרי ק' הרי ק' סוד אותיות מ"ס שהם בבינה ותבונה סוד ק' בגימט' אמנם כאשר תחבר כל החלקים אלו יהיה ק' כיצד ה' לתתא ונ"ח באמצע וה' עלאה הרי ס"ח. ואמנם נשאר למעלה בסוד הבינה חשבון ל"ג כי הורדנו מן יו"ד של ה' עלאה ב' חלקים ממנו לפנימיות ג' הנשארים מן הוא"ו ונעשה ה' עלאה כנ"ל ונשאר למעלה בבינה יו"י ד ה"י גימ' ל"ה וכאשר תסיר ב' חלקים מהם נשארו ל"ג. ל"ג וס"ח הרי ק"א הרי שכל בחי' אלו אלו הם ק' עם הכולל. ואמנם כמו שביארנו שיש ס"ג א' למעלה בכללות הבינה ותבונה וכנגדה הוא בתבונה לבדה לפי שבה נתפשט אח"כ כל מציאות הבינה כנ"ל הנה גם בתבו' שיהיו כל הק' ברכאן כנ"ל עד"ז והוא שכבר ביארנו סוד הנ"ח מה ענינם והנה הה' המתפשטת בז"א הוא מ"ב ונ"ח הרי ק'.

ועתה נבאר איך ה' זו מתפשטת למ"ב והוא כי כבר הודעתיך כי צורת ה' לפעמים בצורה זו ה' שהם ג' קוים נה"י. וה' בכל א' שצורתה ד"י הרי ג"פ י"ד גימטריא מ"ב וגם סוד הענין הוא מ"ב אתוון שיש ש בשם ס"ג שהוא פשוט ומלא ומלא דמלא כזה יהו"ה, יו"ד ה"י וא"ו ה"י, יו"ד וא"ו דל"ת, ה"י יו"ד, וא"ו אל"ף וא"ו, ה"י יו"ד וכל שם ס"ג נרמז בה' זו לבדה הרי שהוא מ"ב אתוון ועם הנ"ח הרי ק' גם יש סוד אחר בענין ה' הנעשה צורת ד"י והוא כי כאן היה סוד שאמר לעולמו די והוא כי הלא כי שד"י שהוא יסוד דבינה הוא מתפשט בז"א עד החזה שלו לבד ושם הוא שאמר לעולמו די לכן ה' זו צורת די. וגם טעם אחר כי נגד נה"י דבינה יצאה לאה עד החזה לבדו וזהו טעם שאמר לעולמו די ע"י יסוד דבינה שנפסק שם. ונחזור עתה לבאר ל"ג הנשאר משם ס"ג דבינה ודע כי אלף צורתה ל"ב כזה א' י' י"ו למעלה י"ו למטה כמבואר אצלינו בסוד ל"ב שינים וכללותם הרי ל"ג. נמצא כי בינה הוא ל"ג והוא אלף וז"ס משרז"ל אלף בינה. והנה אלף במלואה אל"ף למ"ד פ"א גימ' רס"ו וכשמחלקים לג' חלקים יהיה פ"ט פ"ט פ"ט והנה פ"ט עולה ס"ג עם השם עצמו העולה כ"ו גימ' פ"ט הרי כי ברס"ו שהוא אל"ף במילוי מילואו יש ג' שמות ס"ג וג' שמות הוי"ה והנה נגד ג' מיני ס"ג אלו הם ג' מיני ס"ג שיש למטה בתבונה בסוד ב"ן נ"ח וה' כנ"ל. וכן בכללות הם ס"ג הרי ג' ס"ג. והנה ידעת כי ג' שמות הוי"ה הם ג' אלפין כי אות א' צורתה כ"ו כזה יו"י א' הרי שברס"ו הנ"ל יש ג' ס"ג וג' אלפין וכבר אמרנו כי כל אלף גים' ל"ג וג"פ ל"ג גים' ק')ע"ה(הוא סוד הק' בבינה עליונה כמו הק' שביארנו בתבונה. ואמנם ק' זו עם רס"ו הנ"ל הם שס"ו וזה שס"ה מנין ימות החמה, וכבר הודעתיך כי אל"ף הוא בינה וגם ידעת כי בינה היא אז"ן גם ידעת מ"ש בספר הבהיר כי אז"ן צורת אל"ף והוא מובן עם הנ"ל. ואמרנו איך מן הל"ג הזה נמשכו ג' אלפין

שהוא ק'. וק' זה הוא שורשו מאדנ"י העליון אשר בכאן והם סוד מאה אדנים אשר ידעת
ביאורם שהוא אדנ"י גי' ס"ה ועם מילוי המלוי שלו שהן ל"ד אותיות הן צ"ט כמנין ג' ל"ג
הנ"ל ועם כללותם הרי ק'. והנה ידעת סוד אדנ"י שמעה כו' כי השמיעה באז"ן והיא בינה לכן
ר"ת ש' מעה ס' לחה ה' קשיבה שס"ה כמנין הנ"ל שהם ימות החמה ששורשם בבינה לכן
מתחילין משמיעה וגם ביארנו איך שייך שם אדנ"י בכאן ולכן עיקר אמירה זו ביוה"כ הרומז
על הבינה. גם בזה תבין איך כל סוד הבינה הם הקולות הנשמעים באז"ן ואלו הם מ"ש בסוד ה'
עינוים דיוה"כ שאז אין מלכות ות"ת נזונים אלא מסוד קולות לא מסוד אכילה ושתיה. גם תבין
כי הלא התבונה היא ה' אחרונה של בינה ותבין בזה מש"כ בתקו' מל' נפש תבונה כי תבונה
היא בחי' מל' ובחי' נפש של הבינה. גם תבין בתבונה עניינה שהם בן ובת אך בבינה לא נרמז
רק הבן לבד והוא כי בבינה עצמה עדיין לא יש חשבון של אדנ"י רק שם הוי"ה אך
בהתחברותה עם התבונה אז שם הוי"ה אדנ"י הוא בן ובת כי ל"ג דבינה עם נ"ח דתבונה
הם צ"א כמנין הוי"ה אדנ"י. גם תבין כאן ענין ש"ע נהורין דא"א כי הלא ביארנו כי יש באזן
זה ג' מיני ס"ג שהם ה' עליונה ונ"ח הרי ס"ג א' וה' תתאה ונ"ח הרי ס"ג ב' וכל כללותם הם
ס"ג הרי ג"פ ס"ג בימין וכן ג' מיני ס"ג באזן שמאלית הרי ו"פ ס"ג גימ' שע' נהורין ש"ע
נהורין הנמשכין אל הפנים עם ח' אותיות דהויות דברישא דחוורתי מצד פני
הראש הנמשכין אל הפנים. גם תבין ענין שם מ"ה דאלפי"ן שהוא בחוטם דז"א כי שם מ"ה
הוא בז"א וגם החוטם גי' ס"ג נגד ה' תתאה דאתלבשת כאן ונעשה ס"ג כנ"ל והוא ג"כ ענין
גימ' אז"ן שהוא נ"ח הנמשך עם ה' זו ונעשית ס"ג כמנין חוטם.

פרק ה'

דרוש זה מקורו מספר שער ההקדמות וצריך לכתוב מ"ק בראש הדרוש.

והנה לעיל פירשנו כסדרן של אותיות א' ז' מאזן, **והוא ממטה למעלה אז"ן** כאשר המדרגה הכי קטנה היא א' דאזן, ומעליה ז' דאזן, **וכבר ביארנו** בפרק ד' בשער הזה **טעם של א"ז מאז"ן, ועתה נבאר ן' מאז"ן** שהרב ז"ל התחיל בביאורה בסוף הפרק הקודם, [ד"כ ע"א 39] **איך הוא עיקרית מכל** אותיות אזן. **והנה הלא כאשר**[16] **נמנה עיקר כל אלו, אינם רק כ"ה** חלקים בתבונה השניה, **והוא כי ה' אזורונה** שהיא התבונה השלישית **כבר ירדה למטה** לחוטם, כאן הרב ז"ל לא מחלק את האות ה' התחתונה לפנימיות וחיצוניות[17], **ולא נשאר בה** בתבונה השניה **רק ב' ההי"ן** שהם י' חלקים **למעלה**, באזן, גם כאן הרב ז"ל לא מחלק את ב' ההי"ן דתבונה שניה לפנימיות וחיצוניות[18], **ואותיות וא"ו הרי** הם בגמטריא **כ"ג** חלקים, **וב' זולקים** שירדו **מן י' דהה"י עילאה** דס"ג **שירדה תוך וא"ו, הרי** הכל ביחד גמטריא **כ"ה**[19], **הוא כ"ה אתון** אותיות **דקראת שמע** הכוונה בפסוק הראשון של קראת שמע, **לכן שמע הם לשון שמיעה,** להורות שכולם תלויים באזן, **לכן הקורא את שמע צריך להשמיע לאזניו** לכתחילה[20], צ"ל **ואם לא השמיע לאזניו לא יצא ידי חובה**[21], **כי בושם מציאותה** של קריאת שמע באוזן,

---

[16]

בית לחם יהודה ש"ד פ"ה - כאשר נמנה עיקר כל אלו. פירוש כאשר נמנה הבחינות הכלולים מחיצוניות ופנימיות, ולאפוקי מה' האחרונה, שאין לה כי אם פנימיות בלבד.

[17]

בפרק ד' הרב חלק את אות ה' התחתונה, שהיא התבונה השלישית, לחיצוניות ופנימיות, כאשר החיצוניות דאות ה' ירדה והתלבשה תוך ז"א, ופנימיות אות ה' הוכפלה והלבישה את חיצוניות אותיות וא"ו.
ע"ח ש"ד פ"ד די"ט ע"ג - והנה זו הפנימיות שנשאר מן ה' זו שירדה צריך שתחזור להיות חיצוניות על חיצוניות של ב' ההי"ן העליונות אחרות שנשארו, ועתה בגדלת ה' זו שיעור ה' זו כדי להלביש אל ב' ההי"ן העליונים.

[18]

ע"ח ש"ד פ"ד די"ט ע"ג - והנה חיצוניות ה' ג' ירדה בז"א, ונעשה פנימיות אליו. ופנימיות ה' זו נשארה למעלה, ונשארו גם ב' ההי"ן אחרות, בסוד חצוניות ופנימיות. והנה זו הפנימיות שנשאר מן ה' זו שירדה צריך שתחזור להיות חיצוניות על חיצוניות של ב' ההי"ן העליונות אחרות שנשארו.

[19]

תרשים ה – א.

[20]

הגהות וביאורים)א(– עיין שער הקדמות ל"ב ע"ב.

[21]

הרב ז"ל כתב כאן הקורא את שמע **צריך** להשמיע לאזניו, וברוב ספרי ע"ח יש תוספת **ואם לא השמיע לאזניו לא יצא ידי חובה**. למה מתכוון הרב ז"ל שהוא כותב **צריך**, האם זה לכתחילה או בדיעבד, ואם מי

שלא השמיע לאוזנו, לא יצא חובת קראת שמע, וצריך לחזור. המחלוקת היא בגמרא אם יצא או לא יצא. ובכללי הפוסקים כתוב כי לפעמים שכתוב **צריך** זה לעיכובא. בשולחן ערוך כתוב להשמיע לאוזנו... ואם לא השמיע לאוזנו יצא. מרן בשולחן ערוך פסק – צריך להשמיע לאוזנו מה שמוציא מפיו, ואם לא השמיע לאוזנו יצא, וקימא לן לדינא שאינו לעיכובא להשמיע לאוזנו. השמן ששון מבאר שאין לתמוה על דברי הרב חיים ויטאל, כי בכמה מקומות הרב ז"ל מפרש סוגיות בהלכה נגד מה שפסק מרן, ורבינו בא לתת טעם על פי הסוד לסברת אחד מהחכמים שבמשנה או בגמרא, אפילו שסברה זאת היא לא הלכה למעשה, לפי הכלל הידוע כי כל הסברות הם אמת לאמיתה, כי אלו ואלו דברי אלוקים חיים, וכולם עומדים ברומו של עולם. כמו שמובא בזהר הקדוש, וכמו שכתב הרב ז"ל בהקדמה לשער ההקדמות, שהיא ההקדמה לספר ע"ח. ויש מספר רב של דוגמאות בספרי הרב חיים ויטאל ז"ל כאשר הוא מביא דעות נגד דעת שולחן ערוך, לדוגמה בענין של חותם בתוך חותם, סוכה העשויה כמבוי, ועוד. רק צריך לדעת כי הרב ז"ל דיבר אליבא דחכם מסוים, והסביר את דעת אותו חכם על פי הסוד, אפילו שדעה זאת היא לא הלכה למעשה.

גמרא ברכות דט"ו ע"א - מתני', הקורא את שמע ולא השמיע לאוזנו יצא רבי יוסי אומר לא יצא, קרא ולא דקדק באותיותיה רבי יוסי אומר יצא, רבי יהודה אומר לא יצא, הקורא למפרע לא יצא, קרא וטעה יחזור למקום שטעה. **גמ'** מאי טעמא דרבי יוסי, משום דכתיב - שמע השמע לאוזנך מה שאתה מוציא מפיך, ות"ק סבר שמע בכל לשון שאתה שומע.

שולחן ערוך, אורח חיים, סימן ס"ב ג' - צריך להשמיע לאוזנו מה שמוציא בפיו, ואם לא השמיע לאוזנו יצא, ובלבד שיוציא בשפתיו.

זהר פנחס דרמ"ד ע"ד עם תרגום והסבר – ורבנן דמתניתין חכמי המשנה, **ואמוראין** והאמוראים אשר חברו את התלמוד, **כל תלמודא דלהון** כל התלמוד שלהם, **על רזין דאוריתא** על סודות התורה, **סדרו ליה** כתבו אותו, ובכל מאמר ומאמר, וכל סיפור וסיפור, וכל דעה ודעה, וכל הלכה והלכה, או מחלוקת בין החכמים, אפילו שלא נפסקה ההלכה כדעת חכם מסוים, כולם סודות ורזים נעלמים.

ע"ח, הקדמת המוהרח"ו ד"ב ע"ג - ולכן נקראת משנה, לפי ששם יש שינויים הפוכים טוב מסטרא דעבד טוב, היתר, כשר, טהור. רע מסטרא דעבד רע, איסור, טמא, פסול. גם הוא מלשון כי מרדכי היהודי משנה למלך, שהיה שפחה הנקרא עבד מלך, מלך גם נקרא מלשון שינה כנזכר בפרשת פינחס דף רמ"ד ע"ב, קם זמנא תנינא ואמר, מארי מתניתין נשמתין ורוחין ונפשין, דילכון אתערו כען ואעברו שינתא מניכון, דאיהו ודאי משנה אורח פשט, דהאי עלמא ואנא לא אתערנא בכו, אלא ברזין עילאין דעלמא דאתי דאתון, בהון לא ינום ולא ישן. וזה יובן במ"ש יותר למעלה שם, **ורבנן דמתניתין ואמוראי כל תלמודא דלהון על רזין דאורייתא סדרו ליה**, ונמצא כי המשנה והש"ס הם הנקרא גופי תורה. והנה דבריהם כחלום בלי פתרון ורזיה וסתריה הפנימים, הנקרא נשמת התורה, הם הם פתרון החלום הנפתר בהקיץ, בסוד אני ישנה ולבי ער, וכמ"ש חכמים ז"ל - במחשכים הושיבני כמתי עולם, זה תלמוד בבלי, אשר איננו מאיר אלא על ידי ספר הזוהר, הם הם רזי תורה וסתריה אשר עליהם נאמר - ותורה אור, ואין ספק כי כמו שהיצירה נקראת עבד ושפחה, בערך האצילות, ונקרא קליפין ולבושין דחול, כנזכר בהקדמת ספר התיקונין ד"ג ע"ב - וביומי דחול לביש עשר כתנות דמלאכיא דמשמשי לי"ס דבריאה, ואם כן אין לתמוה כי התורה אשר שם שהיא המשנה, תהיה נקרא שפחה וקליפין דתורה דאצילות, וזה סוד כל הבשר חציר, הנ"ל במאמר הראשון. כי כמו שהשתה שהיא בגימטריא כמנין כ"ב אותיות התורה, הגנוזה תוך כמה קליפין ולבושין, שהם הסובין, והמורסן, והתבן, והקש, והעשב הנקרא חציר, כן המשנה אצל סודות התורה נקרא חציר, וזה נרמז בספר הזוהר פרשת כי תצא, בר"מ דרע"ה ע"ה ע"ב - **אצל רבנן ווי לאינון דאכלין תבן דאורייתא, ולא ידעי בסתרי אורייתא**, אלא קלין וחמורין דאורייתא קלין אינון תבן דאורייתא וחמורין אינון חטה דאורייתא, ח"ט ה' אלנא דטוב ורע, וכו'. ואלו באתי להרחיב דרוש זה לא יספיקו מאה קונטרסין, בלי ספק בלי שום גוזמא, האמנם החכם עיניו בראשו, כי דברי אמת אני אומר, ואל יתמה האדם בראותו ספר הזוהר איך קורא אל המשנה שפחה וקליפין, **כי עסק המשנה כפי פשטיה אין ספק שהם לבושין וקליפין חצונים בתכלית אצל סודות התורה, הנגנזים ונרמזים בפנימיותה.** כי כל פשטיה הם בעולם הזה, בדברים חומרים תחתונים. אמנם הם קליפין טובים למאכל, כקליפת קנה הבושם, ולכן בהיותם מביני פשטי המשנה כהלכתא, בלתי טעות נקרא עץ הדעת טוב, אבל כאשר ח"ו שונים בה ומטמאים את הטהור, ומכשירין את הפסול, ומתירין את האיסור, אז נהפכת לעץ הדעת, רע ומר להם.

כי קריאת שמע קשורה לאוזן. **אמנם כ"ה** אותיות של הפסוק הראשון של שמע ישראל **אלו, מוכרז**

שמן ששון, על ע"ח פ"ה אות א' ד"ח ע"ג - שם לכן הקורא את שמע ולא השמיע לאוזנו לא יצא, ע"כ. עיין שולחן ערוך א"ח סימן ס"ב דיצא, כן הקשה רב אח"י (רבי אפרים) נר"ו, ורצה לתרץ עם מה שכתב מהרש"ו בשער הכוונות, דרושי סוכות פרק ד' דודאי לא אשתמיטי הדין המוסכם, אמנם רצה לקרב הדין אצל הסוד, ואף על פי שאינו מכוון ביפה יע"ש. ולעניות דעתי כאן נראה דטעות סופר נפל, שהרי כל דרוש זה אות באות הביאו בשער ההקדמות שם, ובמבוא שערים כתב יד שער ד' חלק ב' פרק י"ד, ושם כתב בלשון זה, ז"ל - גם זהו הטעם שאמרו רז"ל הקורא את שמע צריך שישמיע לאזניו, והטעם הוא לפי שהם תלוים באוזן וכו', יע"ש. ולא נזכר דלא יצא, כמ"ש כאן. ולפי זה נראה דמה שכתב מר"ן לא יצא לכתחילה נאמר, אבל בדיעבד יצא, כמו שכתב מר"ן. וכן שמעתי מתרצים.

גמרא סנהדרין דכ"ד ע"א - מאי בבל אמר רבי יוחנן בלולה במקרא בלולה במשנה בלולה בתלמוד "במחשכים הושיבני כמתי עולם" אמר רבי ירמיה זה תלמודה של בבל.

מדרש הנעלם מדרש איכה - והאור, זה התלמוד ירושלמי, דנהיר נהורא דאורייתא, לבתר דאתבטל דא, כביכול, אשתארו בחשוכא. דכתיב, במחשכים הושיבני, זה תלמוד בבלי, דאזלין ביה בני עלמא במחשכים.

שדי חמד ח"ד מערכת צד"י כלל ה' – צריך, אם משמעות לשון זה הוא דוקא לכתחילה או בדיעבד...

יעיר אוזן לחיד"א, מערכת הצ' ו' - צריך. מרן בכללי הגמרא דף ק"ג הביא מרש"י בברכות (דף ט"ו) **דצריך לכתחילה** משמע. וברישא חולין כתבו התוספות **דאין צריך לכתחילה** משמע, עכ"ל. ויש לתמוה על מה שכתב מרן גופיה בבית יוסף סימן רי"ט, שהשיב על הטור **דצריך לעיכובא**. וכבר תמהו על מרן שלמים וכן רבים, כמו שכתב הרב בית דוד אורח חיים סימן צ"ב, ועיין חוות יאיר דף רס"ג ורע"ג, וכנסת הגדולה אורח חיים סימן קכ"ח, הגהת ביד אהרן אורח חיים סימן ל"ב, פנים מאירות ח"א סימן ס"ו, משאת משה ח"ב יורה דעה סימן ט' וסימן י'.

גמרא עבודה זרה דל"ט ע"א - אמר רב חבי"ת (חלב, בשר, יין, תכלת) אסור בחותם אחד, חמפ"ג (חילתית, מורייס, פת, גבינה) מותר בחותם אחד, חלב בשר יין תכלת אסורין בחותם אחד, חילתית מורייס פת גבינה מותרין בחותם אחד.

ע"ח ח"ב של"ה פ"ג דנ"ב ע"ב – שזה סוד שאמרז"ל כדי לשמור החבית של יין, צריך חותם בתוך חותם. וזהו ר"ת חבי"ת, שהוא הסימנים שצריכין חותם בתוך חותם, והם - חתכת בשר, יין, תכלת. והענין כי היסוד חותם א', והמלכות חותם ב', כנ"ל.

שולחן ערוך, אורח חיים, סימן תר"ל, סעיף י"ג – אם שתי הדפנות העשויות זו כנגד זו, וביניהם מפולש – לא מהני טפח, משום דבעינן שיהו השלושה דפנות כמחוברות יחד. אלא בכי האי גוונא בעינן בדופן השלישית דופן של הכשר סוכה, שבעה טפחים, וגם כן על ידי לבוד, **שיעשה דופן מעט יותר מארבעה טפחים, ויעמידנו בפחות משלושה לאחת הדפנות.** וכיון שיש שיעור סוכה – לא חיישינן אפילו אם רחוקה הרבה מהדופן השניה. ואינו צריך חיבור, דפנות בכי האי גוונא, דהסכך מחברן.

שער הכוונות, דרושי חג הסוכות, דרוש ד' - והואיל ואתא לידן נבאר עוד ציור אחר הנזכר בגמרא והוא סוכה העשויה כמבוי, וענינה הוא כי הנה בחינת רחל בין בהיותה פב"פ או אב"א, אין עיקר יציאתה אלא מקו האמצעי של ז"א, במקום החזה, דתמן נקיב חד נוקבא ואתפשט בוצינא דקרדינותא ועביד לרישא וגולגלתא דנוקבא, כנזכר באדרת נשא. ונודע כי הנצח הוד דאימא עם המוחין דז"א שבתוכן, המתלבשין תוך הז"א, הנה הנצח וההוד מתפשטין בב' קוי הימין והשמאל, עד סיום מקום רגליו, אבל היסוד המתפשט בקו האמצעי, אינו מתפשט רק עד החזה בלבד, למעלה מראש רחל, ונמצאת רחל העומדת בקו האמצעי דז"א, מוקפת מן נצח והוד דאימא, והם כצורת ב' דפנות ימנית ושמאלית, זו כנגד זו, כדמיון מבוי מפולש. ופשוט הוא כי כמו שבחינה זו היא באור פנימי, כך הוא באור מקיף דאימא, המקיף מבחוץ סביב הנצח וההוד דז"א, כי לעולם אין סוכה אלא באור מקיף כנזכר. ואל תטעה בזה כי אין כל דברינו אלה אלא בבחינת אור מקיף דאימא, הנקרא סוכה. והנה הנקבה עומדת בין ב' הדפנות העשויות כמבוי מפולש, ולכן צריך שיביא **פס טפח ומשהו** ויעמידנו בדופן הג' המזרחית, בפחות מג' אל הדופן הימנית והדופן השמאלית. באופן שהפס הזה יהיה ממש מכוון באמצע ב' הדפנות ימנית ושמאלית, וע"י נכשרת סוכה זו, שהרי אינו מבוי מפולש.

כלל – כאשר הרב ז"ל מבאר סוגיה בש"ס או בפוסקים, לא תמיד הביאור עולה בקנה אחד עם ההלכה. עץ חיים הוא לא שולחן ערוך, ולא צריך לנסות וליישב סוגיות בע"ח אליבא דהלכה.

שֶׁיִּהְיֶה בָּהֶם פְּנִימִיּוּת וְחִיצוֹנִיּוּת כי אין דבר אשר לא כלול פנימי וחיצוני, נשמה וגוף, שֶׁהֵם ן'
אותיות, כ"ה בפנימיות, וכ"ה בחיצוניות, וְזֶה סוֹד הפסוק[22] וַיִּפֶן כֹּה וָכֹה[23], וְהֵם ב' יְסוֹדִים
שְׁמַע ישראל, וּבְשֶׁכְמַלְ"וּ[24] שֶׁל קְרִיאַת שְׁמַע כַּנּוֹדָע, וְהִנֵּה אֵלּוּ הֵם הַנּוּן
פְּשׁוּטָה שֶׁהִיא ן' סוֹפִית[25] שֶׁל אֹזֶן שֶׁהוּא צ"ל שֶׁהִיא עִיקָרִית, וְזֹ'[26] אַזְוֹרִים שאם אותיות א' ז'
שֶׁל אֹזֶן הֵם דֶּרֶךְ תּוֹסֶפֶת לכן הרב כותב כאן כי ן' דאזן היא העיקרית, ואותיות א' ז' הם בחינת תוספת, וְגַם
הֵם נֶחְלָקִים לב', שֶׁהֵם א'ז מֵאֹזֶן אותיות שהם בחינת תוספת[27] ואות ן' דאזן היא העיקר ◆ הרב נכנס

22

שמות ב' י"ב - ויפן כה וכה וירא כי אין איש ויך את המצרי ויטמנהו בחול.
זהר חדש, תיקונים דקל"ד ע"א תרגום **ועוד והנה נער בוכה**, מלת בוכה היא אותיות **ב"ו כ"ה, דאתמר**
ביה שנאמר בו **ויפן כ"ה וכ"ה, ואיהו כלילא מחמשין תרעין דבינה** והוא כלול מחמישים שערי בינה,
דאתמסרו למשה שנמסרו למשה.

23

הגהות וביאורים)ב(– עיין זוהר שמות דף י"ב ע"ב, וז"ל ויפן כה וכה, תמא באינון חמשים אתוון דמיחדן
ליה ישראל בכל יומא, שמע ישראל פעמים דאית בהן כ"ה כ"ה תרי זימני ולא תמא ביה עד כאן. ש"ש.

24

בשכמל"ו – ברוך שם כבוד מלכותו לעולם ועד.
בייחוד זה יש כ"ד אותיות, ועם הכולל הם כ"ה.

25

אותיות מנצפ"ך הם כפולות, אותיות **מנצפך** הבאות באמצע תיבה נקראות סתומות, ואותיות מן ץ פ ך הבאות
בסוף התיבה)חוץ מהתבה לסרבה(נקראות פתוחות, כמו שמובא בסידור הרש"ש.
ע"ח ש"ה פ"י דכ"ג ע"ב – וזה שאמר כי לשלג יאמר הוי ארץ, נמצא כי מעכירת המים שבחכמה יצא
חומר)האותיות(הראשון, הנקרא תהו, ואח"כ נותן בבינה ונצטיירו במעי אמא על ידי חומר שבה גם כן, שהוא
אפר של אש, כי)כמו ל"ג(המים מימין שהוא חכמה, וממנו יצא מעכירותיו הכ"ב אתוון ובהם **ה' חסדים של**
מנצפ"ך הפשוטים הראשונים, ונעשה עפר לובן מעכירות השלג, לובן שבלבנון שהוא חכמה, בסוד כי לשלג
יאמר הוי ארץ. אך האש הוא בבינה, ומעכירותה ושמריה יצא חומר הנקרא אודם, והם **ה' אותיות מנצפ"ך**
כפולים שהם ה' גבורות גימטריא אפ"ר, כי אפר עכירות שמרי האש הוא, ואז נצטייר גוף ז"א במעי
אמא, בכ"ב אותיות דכורין, וה' אותיות מנצפ"ך הכפולים נוקבין, ומהם נוצר הולד.
תרשים ה – ב.

הלכה למעשה אפשר לראות את ההבדל בין מנצפ"ך הפשוטות והסתומות, בסידורו הטהור של מרן הרש"ש.
תרשים ה – ג.

ישעיהו ט' ו' - לְמַרְבֵּה הַמִּשְׂרָה וּלְשָׁלוֹם אֵין קֵץ עַל כִּסֵּא דָוִד וְעַל מַמְלַכְתּוֹ לְהָכִין אֹתָהּ וּלְסַעֲדָהּ בְּמִשְׁפָּט
וּבִצְדָקָה מֵעַתָּה וְעַד עוֹלָם קִנְאַת הוי"ה צְבָאוֹת תַּעֲשֶׂה זֹּאת.

26

בית לחם יהודה ש"ד פ"ה - וה' אחרים וכו'. הכוונה על ב' חלקי החיצוניות של היו"ד, שהוסיפו ח' כנזכר
בפרק ד' דלעיל, והכא מוחלפת שיטת רז"ל, והא בפרק ד' דלעיל קאמר הרי הם י"ב וכו', ואם ח' חלקים
דחיצוניות היו"ד הם מכלל הנ"ח של האזן כדאמר הכא, אם כן הוי להו כ', ולא י"ב. ותו דהתם חשיב לתוספת
הפנימיות של ה' האחרונה שהוסיפה ה', ולתוספת הב' ההי"ן שהוסיפו ג' בכלל הנ"ח דאזן, והכא לא חשיב
לההוא תוספת כל עיקר. וכיוצא בזה יש לומר על חשבון הנו"ן, דהכא מצרף עמו ב' חלקי הפנימיות, וג' חלקי
הפנימיות דוא"ו, שזהו דלא כמו מה שכתב בפרק ד' דלעיל, וצ"ע.

27

חיצוניות ופנימיות כ"ה החלקים, עם בחינת התוספת של ח' חלקים דאותיות א' ז', הכל ביחד הם אזן.
תרשים ה – ד.

20

לסוגיה חדשה[28]. צריך לדעת שהרב מדבר על הבינה, הכוונה על בינה דתבונה, שהיא התבונה הראשונה. **ואמנם כבר ידעת כי הבינה** דתבונה, שהיא התבונה הראשונה **היא** ר"ל יש לה י' [נ"א היא ד"ו] **ספירות** כי כל דבר שבקדושה כלול מעשר, שהוא שעור קומה, **וכל אזז'** מהעשר הספירות דבינה **כלולה מהעשר, הרי ק'** ספירות, **סוד**[29] **אותיות מ"ס** דקדושה[30] שהם מאה ספירות דבינה, והם אותיות ס"מ דאפרסמון[31], **שהם בבינה ותבונה**[32], שהם **סוד ק' בגימטריא** כאשר אות ס'

28

הדרוש המקביל לדרוש זה נמצא בשער או"א פרק ט'.

29

בית לחם יהודה ש"ד פ"ה - סוד אותיות מ"ס שהם בבינה ותבונה. כי אות מ' היא תבונה, שהיא מלכות דבינה, המלבשת על ד' ספירות התחתונות דבינה, שהם תנה"י דבינה, ונשארו ששה ספירות העליונים, שהם כחב"ד וח"ג דבינה מגולים, והם אות הסמ"ך, כמבואר בפרק ו' דשער י"ד.

30

תרשים ה – ה.

31

לאפוקי אותיות ס"מ בר מינן.

32

סוד אפרסמון רומז אל הבינה, שהיא עולם הבא, כי בחינת עולם הבא הוא בבינה, לכן תמיד שחז"ל רומזים על עולם הבא הם מתארים אותו בתואר של י"ג נהרות של אפרסמון. גם התורה שניתנה מעולם הבריאה נרמזת באותיות מ"ס דאפרסמון, בסוד אותיות מ"ס בלוחות בנס היו עומדים.
גמרא שבת דק"ד ע"א – דאמר רב חסדא מ"ם וסמ"ך שבלוחות בנס היו עומדין.
ע"ח שי"ד פ"ד דע"ט ע"ג - והרי יש בינה עליונה ותבונה והם סוד ס"ס דאפרסמון, וכן בתבונה עצמה יש בינה ותבונה וגם אלו ס"ם דאפרסמון, והבן ותראה איך כל החיצוניות העליון, נעשה פנים אל הפנימית תחתון הימנו. וחוזר הפנימית התחתון ההוא בסוד חיצוניות, ואז החיצוניות הראשון שהיה בתחלה על הפנימית התחתון אי אפשר לעמוד שם, ויורד להעשות פנימית, תוך פנימית יותר תחתון ממנו, וכעד"ז עד סוף כל המדרגות כולם, באופן שאי אפשר להיות שם רק ב' בחינות לבד, שהם פנימית א', וחיצוניות א'. וגם תבין שלעולם אין העליון מתלבש בתחתון אלא חיצוניותו, ושם למטה חוזר להיות פנימים גמורים, כי אע"פ שבערך העליון נקרא חיצוניות, הנה ברדתו למטה יהיה שם במדרגת פנימית.
זהר שמות דקכ"ב ע"א עם תרגום – **תא ואימא לך מלתא בא** ואגיד לך דבר, **דאתחזיא לי בחלמא האי פסוקא** שנראה לי בחלום פסוק זה, **דכתיב** שכתוב, **ואתה אל תתפלל בעד העם הזה ואל תשא בעדם רנה ותפלה ואל תפגע בי. תא חזי** בא ראה, **תריסר טורי אפרסמונא** שנים עשר הרי אפרסמון)**דכיא** טהור(**עאל ההוא דלביש חושנא ואפודא** נכנס אותו שלובש חשן ואפוד, הכוונה לכהן הגדול, **ובעא מן קודשא בריך הוא למיחס על עלמא** ובקש מהקדוש ברוך הוא לחוס על העולם, **ועד האידנא תלי איהו** ועד עכשו הוא תלוי. **אי הכי אמאי חלש דעתיה דרבי אליעזר** אם כך למה חלשה דעתו של רבי אליעזר. **שום בני נשא, דלא ידעין בהאי** משום בני אדם שלא יודעים בזה. **אמר רבי אליעזר תמני סרי טורי אפרסמונא** שמונה עשר הרי אפרסמון)**דכיא** טהור(**עלאין** עליונים, **עאלין נשמתהון דצדיקיא** נכנסים נשמות הצדיקים, **וארבעין ותשעה ריחין** וארבעים ותשעה ריחות, **סליקין בכל יומא** עולים בכל יום, **עד ההוא אתר דאתקרי עדן** עד אותו מקום שנקרא עדן.
גמרא תענית דכ"ה ע"א – רבי אלעזר בן פדת דחיקא ליה מילתא טובא)מצבו היה דחוק, כלומר הוא היה עני מרודד(, עבד מלתא ולא הוה ליה מידי למטעם)עשה הקזת דם לרפואה, ולא היה לא מה לאכול(, שקל ברא דתומא ושדייה בפומיה)לקח חתיכת שום, והכניס אותו לפה(, חלש לביה ונים)התעלף ונרדם(, אזול רבנן לשיולי ביה חזיוהו דקא בכי וחייך)הלכו החכמים לבקר אותו, וראו אותו שהוא יושן, אבל בוכה וצוחק(, ונפק צוציתא דנורא מאפותיה)יצא ניצוץ של אש ממצחו(, כי אתער אמרו ליה מ"ט קבכית וחייכת)כאשר התעורר, שאלו אותו, למה בכית וצחקת(, אמר להו דהוה יתיב עמי הקב"ה)אמר להם, ראיתי בחלום שהקדוש ברוך

רומזת לו"ק הספירות העליונות כחב"ד ח"ג, שהם בחינת הבינה, שהיא התבונה הראשונה, ואות מ' רומזת לתבונה השניה המלבישה על תנה"י של התבונה הראשונה[33]. **אמנם כאשר תזכור כל החלקים אלו יהיה ק', כיצד ה' לתתא** ה' הנקראת תבונה שלישית שהתלבשה בז"א, **ונ"ז באמצע** והיא התבונה השניה, **וה' עלאה** שהיא בחינת מקיף על התבונה השניה, **הרי** ביחד **ס"ז** חלקים[34]. הרב רוצה לבנות פרצוף בעל ק' חלקים, עד כאן יש ס"ח חלקים, וחסר עדיין ל"ב חלקים **ואמנם נשאר למעלה בסוד הבינה** שהיא התבונה הראשונה **זשבון ל"ג** חלקים, ולמה? **כי הורדנו מן יו"ד של ה' עלאה** שהיא מקיף לתבונה השניה, לאפוקי מאות ה' תתאה שהתלבשה בחוטם, הנקראת תבונה שלישית, **ב' זולקים ממנו לפנימיות ג' הנשארים מן הוא"ו, ונעשה ה' עלאה** שהיא בחינת המקיף לבינה השניה **כנ"ל, ונשאר למעלה בבינה** לפני שירדו ב' חלקים להתלבש בג' חלקים

הוא יושב איתי(, ואמרי ליה עד מתי אצטער בהאי עלמא)אמרתי לו, עד מתי אני המשיך והצטער בעולם הזה מעניניות(, ואמר לי אלעזר בני ניחא לך דאפכיה לעלמא מריש)האם יהיה נח לך שההפוך את העולם, לתחילת בריאתו, ואברא את העולם מחדש, אפשר דמתילדת בשעתא דמזוני)אולי אז תולד בזמן שיש בו מזון(, אמרי לקמיה כולי האי ואפשר)אמרתי לו, אתה מוכן לעשות כל זה, כלומר להחריב את העולם רק שאני הולד מחדש, ואולי עם מזל של פרנסה(, אמרי ליה דחיי טפי או דחיינא)האם חייתי את מרבית שנותי, או לא(, א"ל דחיית)אמר לי השנים שחיית הם מרובים על השנים שלא חיית(, אמרי לקמיה א"כ לא בעינא)אם כן אני לא רוצה להולד מחדש, אמר לי בהאי אגרא דאמרת לא בעינא)אמר לי, בזה שאמרת אני לא רוצה(, יהיבנא לך לעלמא דאתי)התן לך בעולם הבה(, **תליסרי נהרוותא דמשחא אפרסמון דכיין**)שלש עשרה נהרות של שמן אפרסמון(, כפרת ודיגלת)כמו הפרת והחידקל(, דמענגת בהו)כדי שתתענג בהם(, אמרי לקמיה האי ותו לא)אמרתי לו רק זה, לא יותר(, אמר לי ולחברך מאי יהיבנא)אמר לי ולחברך מה אתן(, אמרי ליה ואנא מגברא דלית ליה)אמרתי לו, האם אני הגבר היחידי שמבקש שתוסיף לי שכר(, בעינא מחיין באסקוטלא אפותאי הכה מלאך באצבעו על מצחי, ומזה יצא הניצוץ(, ואמר לי אלעזר ברי גירי בך גירי)אמר לי, אלעזר בני, החיצי נשלחים בך(.

גמרא ירושלמי, עבודה זרה די"ח ע"ב פרק ג הלכה א - מי דמך עברון קומי י"ג נהרין דאפרסמון)בשעת פטירתו של רבי אבהו העבירהו לפניו י"ג נהרות של אפרסמון כדי לרמוז לו על שכרו הרוחני לעולם הבא(, אמר לון כל אילין למאן)אמר להם כל אלו למי הם, ר"ל כל השכר הזה למי הוא(אמרו ליה דידך) אמרי לו בשבילך(, אמר לון וכל אילין דאבהו)אמר להם כל השכר הזה שיך לי – אבהו(, ואני אמרתי לריק יגעתי וגו'. הקדוש ברוך הוא מראה להן לצדיקים מתן שכרן בעולם הזה ונפשם שביעה והן ישינין להן.

[33]

אפרסמון רומז על כל בחינות הבינה, כאשר א' דאפרסמון רומז לבינה הכללית, שהיא אימא. אותיות פר רומזים לפר דינים המתארין מהבינה, והם סוד מנצפ"ך. אות ס' רומזת לבינה, שהיא התבונה הראשונה. אות מ' רומזת לתבונה השניה, המלבישה על התנה"י דתבונה ראשונה. אות ו' רומזת לתבונה השלישית המתלבשת תוך ז"א, כי התבונה השלישית שהיא אות י' דה"י דס"ג דתבונה השניה, הנקראת תבונה שלישית, וה' זה מתחלקת לג' ווי"ן, אשר מתלבשים בחח"ן בג"ה דת"י דז"א. אות נ' רומזת לחמישים שערי בינה. לכן כאשר חז"ל רוצים לתאר את עולם הבא, והעולם הבא הוא בינה, לכן שחזר רוצים לתאר את גן עדן, הם המתאור הוא בחינת י"ג נהרות של אפרסמון.

ע"ח ח"ב שמ"ג פ"א דצ"ה ע"ב - וכנגד נקודת הטבור שהוא ממש אמצע כל העולם, ולא של הישוב לבדו כמו ארץ ישראל, היא **הבינה שבבינה דמלכות דעשיה**, והיא גן עדן הארץ, והעדן הוא חכמה, והנהר הוא הדעת.

תרשים ה – ו.

[34]

תרשים ה – ז.

שבאותיות וא"ו, אותיות **יו"ד ה"י** דס"ג, והם **גימטריא** ל"ה, וכאשר תסיר ב' זולקים **מהם נשארו** ל"ג חלקים. ול"ג חלקים **וס"ז** חלקים **הרי קכ"א** חלקים, **הרי שיכל** בזוינות אלו הם ק' חלקים **עם הכולל**.[35] **ואמנם**[36] כמו שביארנו שיש ס"ג **אזז למעלה בכללות הבינה** ותבונה שהם בינה ותבונה דתבונה, כאשר יו"ד ה"י וא"ו דס"ג הם בבינה דתבונה, ואותיות ה"י דס"ג הם בתבונה דתבונה, שהיא התבונה השניה, **וכנגדה הוא בתבונה** השניה **לבדה** יש ס"ג פרטי, כמו שהרב בנה אותו בפרק ד', והוא סוד נ"ח דס"ג עם ה' התחתונה, או עם ה' העליונה, היא ס"ג, **לפי**[37] **שבה נתפשט אזז"כ** כל מציאות הבינה כנ"ל, הנה גם **בתבונה** השניה **צריך שיהיו כל הק' ברכאן כנ"ל** מאה ברכות שששם שורש מאה ברכות שחייב כל יהודי לברך כל יום,[38] והוא סוד המשכת מוחין מהבינה דאצילות לז"א דאצילות. אבל כאן הרב מדבר בשורש של עולם האצילות, לכן כאן הוא מדבר על ק' ברכות מהאוזן לחוטם, **על דרך זה והוא שכבר** ביארנו סוד הנ"ז מה ענינם, **והנה הה'** האחרונה דג' ההי"ן דה"י דס"ג, שהיא התבונה

תרשים ה – ח.

35

בית לחם יהודה ש"ד פ"ה - ואמנם כמו שביארנו שיש ס"ג אחד למעלה בכללות הבינה והתבונה. הוא מבואר בפרק ג' דלעיל, שכתב וז"ל והנה נמצא כי שם ס"ג שכולל בינה ותבונה, הנה אותיות יו"ד וא"ו הם בבינה, ואות ה"י אחרונה היא בתבונה.

36

בית לחם יהודה ש"ד פ"ה - לפי שבה נתפשט אחר כך כל מציאות הבינה כנ"ל. ר"ל כנ"ל, בפרק ד' דלעיל.

37

גמרא מנחות דמ"ג ע"ב - תניא היה רבי מאיר אומר, חייב אדם לברך מאה ברכות בכל יום שנאמר - ועתה ישראל מה ה' אלהיך שואל מעמך.

38

זהר חדש, תקונים דקל"א ע"ב תרגום והסבר – **ואין צדקה אלא תפלה, שהיא צ'** הינו **תשעים אמנים** שחייב אדם לענות לענות בכל יום. ד' הינו **ארבע קדושות** צריך כל אדם להגיד בכל יום, שהם – א' לפני קראת שמע דשחרית, ב' חזרה דעמידה, ג' אחרי התחנונים ובא לציון גואל, ד' חזרה דעמידת מנחה. ק' הינו **מאה ברכות** שחייב כל לאדם לברך בכל יום, ואפילו ביום הכיפורים. ה' הינו **חמשה חומשה תורה** שצריך כל אדם ללמוד בכל חלקי הפרד"ס, **וזהו צדקה תרומם גוי.**

אור החיים, ויקרא כ"ו י"א - ואמרו ומאה מכם, פרוש על דרך אמרו – מה ה' אלוהי"ך שואל מעמך וגו', אל תקרי מה אלה מאה, שהם מאה ברכות, שהוא סוד כללות העשיריות.

ע"ח הקדמת הרב חיים ויטאל ד"ה ע"ג - להשלים רמז צדיק בכל יום שהוא צ' אמנים ד' קדושות י' קדשים ק' ברכות.

שלחן ערוך, אורח חיים סימן מ"ו סעיף ג' - חייב אדם לברך בכל יום מאה ברכות לפחות.

שער הכוונות ד"ב ע"ד ענין הברכות - ועתה נבאר ענין הק' ברכות שתיקן דוד המלך ע"ה לברך בכל יום, והוא להתברך ז"א מן הברכה העליונה שהיא (אמן) אימא עילא, ק' ברכאן בכל יום. ובדרוש ששה שבע דלאה מי הם ביארנו ענין מאה ברכות אלו, ע"ש. ופה נבארם דרך כללות, וענינם הוא במה שהודעתיך איך נה"י דאימא עילאה מתפשטים תוך ז"א, והנה אימא עילאה נקראת הוי"ה דס"ג כנודע. והנה יסוד שלה מכסה על החסדים המתפשטים עד החזה דז"א כנודע, ובחינת מקום המכוסה הוא ס"ג, ואח"כ מן החזה ולמטה מתגלים החסדים שבה כנודע, ושם במקום הגילוי הוא מילוי הוי"ת ס"ג, שהוא ל"ז. ואם תחבר ס"ג ול"ז יהיו מאה, והם מספר מאה אורות וברכות הנתנים אל זעיר אנפין מאימא. עוד ירצה עם האמור כי כללות ק' ברכות שרשם הוא ס"ג, ומילוי שלו בלתי אותיותיו הפשוטות שהוא בגי' ל"ז, והנה ס"ג ול"ז הם ק' ברכאן.

השלישית **המתפשטת בז"א הוא** צ"ל היא **מ"ב** חלקים, הרב עומד לבאר בהמשך הדרוש איך מאות ה'
נעשו מ"ב חלקים, **ונ"ז** חלקים שיש כבר בתבונה השניה **הרי ק'** חלקים.

ועתה נבאר איך ה' זו שירדה לחוטם, שהיא התבונה השלישית **מתפשטת למ"ב** חלקים,
והוא כי כבר הודעתיך בשער ל"ט פ"ה[39] **כי צורת ה'**[40] **לפעמים**[41] **בצורה זו**
שהם ג' קוים נה"י, ויש ה' בצורת ד"ו בכל אחד מהקוים דנה"י. **ויש ה' בכל אזזד** מהקוים דנה"י
שצורתה ד"י. והנה"י בנוי משלשה קוים, ימין – נצח, שמאל – הוד, אמצע - יסוד, ובכל קו וקו יש ה' אחת
בצורת ד"י **הרי ג' פעמים י"ד, גימטריא מ"ב** חלקים. **וגם סוד הענין הוא מ"ב**
אתוון שהם אותיות, **שיש בשם ס"ג שהוא פשוט, ומלא, ומלא דמלא, כזה** –
פשוט, הם ד' אותיות **יהו"ה**. מלא, הם י' אותיות **יו"ד, ה"י, וא"ו, ה"י**. ומלא דמלא, הם כ"ח אותיות
יו"ד וא"ו דל"ת, ה"י יו"ד, וא"ו אל"ף וא"ו, ה"י יו"ד. וחיבור מספר האותיות של פשוט,
מלא, ומלא דמלא הוא מ"ב אותיות[42], **וכל**[43] **שם ס"ג נרמז בה' זו לבדה** אשר התלבשה בכחב"ד

39

ע"ח ח"ב שט"ל פ"ה דע"א ע"ד - ונבאר ענין ציורין אלו, שהנה נודע שאות ה' בציור ד"ו מורה על בחינת
הבינה אשר היא מתעברת בבן זכר בתוכה, ובהיות הזכר בתוכה אינו רק בחינת ו"ק, **לכן צורתה ד"ו** ד' על ו',
גם הד' רומזת אל הנוקבא אשר שם היא עמו, בבחינת עטרת בעלה, ששם הוא עולם הבא, אשר צדיקים יושבין
ועטרותיהן בראשיהן, וזהו ד' על ו' גם כן. אמנם אחר שנולד ויצא ממנה בסוד ו' שבשם הוי"ה, ואז יונק משדי
אמו בהיותו בחוץ, ועל כן בחינה זו דיניקה אינה רמוזה באות ה', רק בחינת עיבור א', שהוא בתוך אמו, שהוא
ה' בצורת ד"ו. אחר כך הוא בחינת עיבור ב', לתת לו מוחין, ונשלם ז"א לי"ס, **וזה נרמז בה' שצורתה ד"י**
שהוא ד' על י', ועל כן אנו מציירין ההי"ן הללו **ד"ו ד"י**, ונותנין מעתה כח אל הטפה הנ"ל, הנמשכת עתה
דרך שם, כדי שיהיה כח אחר כך בולד שהיא הנשמה, להיות בב' עיבורים הנ"ל, אלו הם בחינות ק'
ברכאן שמקבלת הטפה בעוברה דרך ב"ן, זה שבבינה ביסוד שבה, ואחר כך יורדת בחינה זאת בז"א עד היסוד
שבו.

40

את אות ה' הרב ז"ל מצייר בשלושה ציורים כמו שלמדנו, האחד בצורה של אות ד' ובתוכו אות ו', והם צורת
ד"ו. השני בצורת ד' ובתוכו אות י' והם צורת ד"י. והשלישי בצורת ג' ווי"ן, שהם ו' ו' ו'.
תרשים ה – ט.
לפעמים הנה"י מלבישים את צורת ה' בצורת ד"ו, לפעמים בצורת ד"י, ולפעמים בצורת ג' ווי"ן.

41

בית לחם יהודה ש"ד פ"ה - לפעמים בצורה זו ה שהם ג' קוים נה"י, וה' בכל א' שצורתה ד"י. לשון דהכא
הוא קצר, ובשער הקדמות דל"ב סוף ע"ב הוא מבואר יותר, וזה לשונו - וזה אופן המ"ב האלו, הנה ביארנו
במקומות רבים כי אות הה' מתחלפת בג' ציורים, האחד הוא בציור ג' קוים שהם ג' ווי"ן, כזה ה. הב' הוא
בציור ד"ו) כנזכר בסוף פרק ג' דלעיל(. הג' היא בציור ד"י. ואמנם בהיותה בציור ד"י הנה הם ג' קוים נה"י,
ובכל אחד מהג' יש ד"י, הרי ג' פעמים ד"י הם מ"ב, ועי"ש.

42

אפשר לצייר את אותיות הוי"ה בשלשה דרכים)כמובן המילואים מתמלאים עד אין סוף מילואים(בפשוט
שהם ארבע אותיות, מלא שהם ד' אותיות, ומלא דמלא שהם כ"ח אותיות. וכל זה בשמות ע"ב, ס"ג, מ"ה.
תרשים ה – י.
פרי עץ חיים, שער קריאת שמע, פרק כ"ה - מהחברים - ואהבת, יש בפרשה זו מ"ב תיבין וכו' ודברת ב"ם.
וצריך לכוין בה לשם פשוט, ומילוי, ומילוי דמילוי דמ"ה, שהם י"ד אותיות, וכ"ח דמילוי המילוי, הרי מ"ב,

ח"ג ושליש התפארת, שהם ו' ספירות ושליש, וכל ספירה כלולה מעשר ספירות הרי ס"ג ספירות[44], **וַהֲרֵי** שם ס"ג **שֶׁהוּא מ"ב אַתְוון** שהם פשוט, מלא, ומלא דמלא, **וְעִם הַנָּ'זֹז** חלקים הנמצאים בתבונה השניה **הֲרֵי קְ**[45] חלקים, ואלו מאה הברכות שז"א מקבל בכל יום מאימא, רק שכאן הרב ז"ל מתעסק בשורשים לכן הוא מדבר בצורת אותיות. **גַּם**[46] הרב ז"ל מביא ראיה לחזק את אותיות ד"י, כי יש מקום לשאלה למה הרב ז"ל לא השתמש באותיות ד"ו או בג' ווי"ן **יֵשׁ סוֹד אַזֹר, בְּעִנְיָן ה' הַנַּעֲשֶׂה צוּרַת ד"י, וְהוּא כִי כָּאן הָיָה סוֹד** מאמר חז"ל[47] **שֶׁאָמַר לְעוֹלָמוֹ** שהיא הבינה[48] **דָי** שהוא חלק מיסוד דבינה המתפשט

בסוד ראשו של ז"א. וכן **פשוט בכתר, מלא בחכמה, מילוי דמילוי בבינה**. והם נחלקים לג' חלקים שוין שהם חב"ד, י"ד אותיות לכל אחד מהן.
43

בית לחם יהודה ש"ד פ"ה - וכל שם ס"ג נרמז בה' זו לבדה. ר"ל וכל שם ס"ג זה שיש בו מ"ב אתוון הנזכר, הוא נרמז בה' זו, המתלבשת בכחב"ד וח"ג דז"א, עד החזה שלו, שכל אחד הוא כלול מי"ד שהם ס"ג, כמבואר בסוף פרק ג' דלעיל.
44

ע"ח ש"ד פ"ג די"ט ע"ג - אמנם בסוף ו' שבתוך הד', יש פסיעה לבר, ואותו הפסיעה הוא כנגד אותו שליש של הת"ת, הרי כי ו' עם הפסיעה לבר הם ס"ג, שהם ו' ספירות כחב"ד ח"ג הרי ו', ושליש ת"ת עד החזה, הוא הפסיעה לבר. הנה כשתסיר ה' זו משם ס"ג, יישאר למעלה יו"ד ה"י וא"ו ה"ה, גימטריא נ"ח, גימטריא אז"ן.
45

הגהות וביאורים)ג(– עיין בשער הקדמות ל"ב סוף ע"א, הלשון מתוקן יותר.
46

בית לחם יהודה ש"ד פ"ה - גם יש סוד אחר וכו'. נלע"ד שאין זה טעם אחר, אלא הוא נתינת טעם על פירוש האחד שכתב, וה' בכל אחד שצורתה ד"י וכו', ועל זה בא ליתן טעם דמאי נעשת בציור ד"י, ולא בציור אחר, ועל זה קאמר שהוא מסיבת שאמר לעולמו די, ולכן גם בחינת ההיי"ן שבנצח והוד נעשו בציור ד"י, כי כולם הם בחינת ג' קוים דה', והם ה' אחד בלבד.
47

גמרא חגיגה די"ב ע"א - ואמר רב יהודה אמר רב, בשעה שברא הקב"ה את העולם היה מרחיב והולך כשתי פקעיות של שתי, עד שגער בו הקב"ה והעמידו, שנאמר עמודי שמים ירופפו ויתמהו מגערתו, והיינו דאמר ריש לקיש מאי דכתיב)בראשית יא, יא(אני אל שדי, אני הוא שאמרתי לעולם די.
מדרש תנחומא, פרשת מקץ, סימן י' - אמר רבי יוחנן שכך היו עושין הצדיקים מאמצי כח הגבורה, תדע שהרי יעקב אבינו עדיין היה בנימין אצלו והקדים להתפלל עליו שנאמר ואל שדי יתן לכם רחמים ואל שדי, מה ראה יעקב לברכם באל שדי ללמדך שהרבה יסורין עברו על יעקב עד שהיה במעי אמו היה מריב עמו שנאמר ויתרוצצו הבנים)בראשית כה(וכן הוא אומר)עמוס א(על רדפו בחרב אחיו ושחת רחמיו, ברח מפני עשו ללבן והיה שם עשרים שנה בצרות רבות שנאמר)בראשית לא(הייתי ביום אכלני חרב וגו', ואחר שיצא רדף לבן אחריו להרגו שנאמר וירדף אחריו דרך שלשת ימים, נמלט ממנו בא עשו בקש עוד להרגו והפסיד עליו כל אותו הדורון עזים מאתים וגו', יצא מעשו באה עליו צרת דינה, יצא מצרת דינה באה עליו צרת רחל, אחר כל הצרות בקש לנוח קמעא באה עליו צרת יוסף והכתוב צווח לא שלותי ולא שקטתי ולא נחתי)איוב ג(אחר כך באה עליו צרת שמעון, אחר כך צרת בנימין, לפיכך היה מתפלל באל שדי ואומר מי שאמר לשמים וארץ די, יאמר ליסורי די, **לפי כשברא הקב"ה השמים והארץ היו נמתחין והולכין עד שאמר להן הקדוש ברוך הוא די, לפיכך כתיב ואל שדי.**
48

הבינה נקראת עולם, בסוד עולם הבא. ובסוד מן העולם ועד העולם.
ע"ח שט"ו פ"ה דע"ז ע"ד - וגם לסיבה זאת נקראת זאת תבונה ראשונה עולם הבא, והטעם כי **הנקבות נקראות עולם**, כמו שכתוב בזוהר ויחי על פסוק מן העולם ועד העולם, וזה התבונה נקרא עולם הבא, עלמא

תוך ז"א, **והוא כי הלא שד"י שהוא** רומז ליסוד דבינה, **הוא מתפשט בז"א עד הׁחזה שלו לבד**[49] הוא ענין התפשטות התבונה השלישית שהיא אות ה' תוך ח"ד כחב"ד ושליש התפארת דז"א, **ושם** בשליש התפארת העליון דז"א **הוא שׁאמר לעׁולמׁו די, לכן ה' זו צורת די** ולא בצורת ד"ו או ג' ווי"ן. ועוד טעם נוסף למה הרב ז"ל משתמש באותיות ד"י ולא באותיות ד"ו או ג' ווי"ן הוא **וגׁם טעׁם אזׁור כי נגׁד נׁה"י דבינה יצׁאׁה לאׁה** קשר של תפילין **עׁד** שליש העליון של **הׁחזׁה** דז"א, ששם מסתיים יסוד דבינה, באותו מקום מסתיימים רגלי לאה, **לבׁדׁו**, **וזׁהו טעׁם שׁאמר לעׁולמׁו** שהיא קשר של תפילין של לאה **די, עׁל ידי יסוׁד דבינׁה שׁנׁפסק שׁׁם** פרצוף לאה קשר של תפילין[51]. **ׁונׁזׁזׁור עׁתׁה לבׁאר ל"ג**[52] החלקים **הׁנׁשׁאׁר** צ"ל הנשארים **משׁׁם ס"ׁג דבינה** דתבונה, **ודׁע כי אׁלׁף צׁורׁתׁה ל"ׁב כׁזׁה א'??** והיא חצויה לשנים באמצע, כאשר בחילוק זה יש

דאתי, לפי שהיא יורדת למטה ומתגלית תמיד. אבל בינה עליונה נשארת למעלה ואינה יורדת, לכן בינה נקראת לעתיד לבוא.

זׁהר ויחי דרמ"ז ע"ב תרגום והסבר - **והׁא אׁתׁמׁר** וכן למדנו **תׁרין עׁלׁמׁין נׁינׁהו** יש ב' פרצופים, שכל אחד נקרא עולם, **כׁדכׁתׁיב** כמו שכתוב **)דׁה"א ט"ז(מׁן הׁעולם** הוא פרצוף הבינה **ועׁד הׁעולם** הוא פרצוף המלכות.

49

מבשרי אחזה אלו"ה - ביחס ליסוד דאבא, יסוד הבינה קצר, וכאשר נה"י דבינה)שהיא בעצם התבונה(מתפשט תוך ז"א, שלוש הפרקים של כל אחד מספירות נצח הוד מתפשטים לאורך כל הקו הימני והשמאלי דז"א, כאשר ג' פרקין דנצח מתלבשים תוך חח"ן דז"א, וג' פרקין דהוד מתפשטים תוך בג"ה דז"א. יסוד דבינה הוא קצר, ומתפשט רק בדעת דז"א, ועטרת היסוד דבינה מתפשטת עד שליש עליון דתפארת דז"א.

ע"ח ח"א שכ"ו פ"ג דט"ז ע"ב - ואמנם כבר ידעת כי המוחין דז"א הם כפולים, שהם נה"י דאבא נה"י דאמא, והנה יסוד דאמא מגיע עד **שליש תפארת דז"א**, ויסוד אבא מגיע עד סוף יסוד דז"א, נמצא כי כל קו ימין ושמאל נעשה מנצח הוד דאמא, ומנצח הוד דאבא, אך הקו האמצעי אינו נעשה בז"א מיסוד דאמא רק עד **שליש העליון דתפארת** שלו, ושאר ב' שלישים התפארת וכן היסוד שלו, לא נעשו רק על ידי יסוד אבא.
תרשים ה – י"א.

50

גם לאה נקראת עולם, ונקראת עלמא דאתכסיא.

ע"ח ח"ב של"ח פ"ב מ"ת דע"ח ע"א - לכן ויאהב אז יעקב את רחל, ולא כתיב ויאהב ישראל שהוא הז"א, שהיה לו שתיהן לאה ורחל, אבל יעקב אהב את רחל תחתונה כמוהו, שהוא עלמא דאתגליא. אבל לאה היא עלמא דאתכסיא, כמבואר אצלינו שהוא צורת הד' שבקשר של תפילין של ראש.

51

תרשים ה – י"ב.
52

הגהות וביאורים)ד(- עיין בשער הקדמות דל"ב בתוספת ביאור, וז"ל גם סוד אחר יש בענין הה' זו התאה שנתלבשה בחוטם, הנעשה ציור ד', והוא כי במקום זה נרמז המאמר חז"ל - למה נקרא שמו שדי, שאמר לעולמו די. והענין הוא כי היסוד של בינה הוא הנקרא שדי כנודע, והנה היסוד של ה' התאה שנתלבשה בחוטם שהוא ז"א, נתפשט עד מקום החזה שבזעיר בלבד, ואז אמר די ולא נתפשט יותר, ולכן הוא ציור די. עוד יש טעם אחר למה ה' זו היא בציור די, והוא במה כנודע כי פרצוף לאה יצאה מאחורי ז"א, כנגד נה"י של תבונה המתפשטת תוך ז"א, ואין לאה מתפשטת רק עד כנגד החזה של ז"א באחוריו, וגם על לאה זו רמז באומרם שאמר לעולמו די, ולא נתפשט יותר, כי גם היא נקרא עולם כנודע, ולה נאמר די, על ידי יסוד דתבונה שגם הוא נפסק שם, ולא נתפשט יותר. ש"ש

26

אותיות י"ו למעלה, ואותיות י"ו למטה[53], וביחד הם ל"ב חלקים[54], כמבואר אצלנו בסוד ל"ב שיניים[55], וכללותם עם הכולל הרי הם ל"ג חלקים. נמצא כי בינה דתבונה הוא ל"ג חלקים, והוא אלף, וזה[56] סוד משרז"ל אלף בינה[57] כי אות א' היא בצורתה ל"ב, ובבינה יש ל"ג חלקים שהם ל"ב עם הכולל, יוצא שאות א' שהיא ל"ב היא בבינה[58].

הרב ז"ל עומד לבנות ג' שמות ס"ג בבינה דתבונה והנה[59] המילוי של האות א' הוא אלף, במלואה של אותיות אלף הם - אל"ף, למ"ד, פ"א, והם גימטריא רס"ו, וכשמזלקים רס"ו, שהם בעצם רס"ז עם הכולל ל"ג זולקים, יהיה כל חלק פ"ט חלקים, שהם פ"ט, פ"ט, פ"ט, והנה פ"ט עולה בגמטריא שם ס"ג, עם השם הוי"ה בעצמו שהוא השורש לשם ס"ג העולה כ"ו, וביחד שם

53

תרשים ה – י"ג.

54

יש בתוך הפה, בחיך העליון ט"ז שיניים, ובחיך התחתון ט"ז שיניים, וביחד הם ל"ב שיניים.

55

שער המצות פרשת עקב - גם נודע מ"ש בפרשת ויקרא ד"ד אכלו רעים, לעילא דא או"א דתמן אכילה, ולכן צריך לכוין בעת האכילה, אל אות אלף שהיא בינה כנודע, בסוד מ"ש) פרק הבונה - אלף בית, אלף בינה. שבת ק"ד(ותכוון בציורה אל החכמה כמו שיתבאר. ואמנם אם תוכל לכוין כונות אלו בהמשך כל זמן אכילתך הוא דבר גדול, ולפחות תכוין כוונה זו כשאתה אוכל אותה הפרוסה של כזית דהמוציא, אשר ברכת עליו וחחלה. תכוין כוונה קצרה דרך כלל, וזו היא - כי הנה ענין הבירור ע"י ל"ב שינים, שהם כנגד ל"ב נתיבות חכמה המבררין הכל כנזכר, דבמחשבה אתברר כלא, והם הטוחנין ומפררין את המאכל, ועל ידי כך מתברר האוכל מתוך הפסולת, כדרך הרחיים הטוחנות התבואה, ואחר כך מתפררין הסובין והמורסן שהם הקליפות, מן הקמח שהוא האוכל. מה שאין כן קודם שנטחן, שהיו דבוקים יחד בתכלית. והנה ש"ן בגימטריא אחוריים דהוי"ה דיודי"ן דע"ב שבחכמה, שהם גימטריא קפ"ד. ואחוריי דהוי"ה דס"ג שבבינה, שהם גימטריא קס"ז, וקפ"ד וקס"ו גימטריא ש"ן. כי השן טוחנת בחיבור או"א. גם תכוון כי ל"ב שינים אלו הם רמוזים בציור אות **א'** שצורתה יו"י, יו"ד לעילא, יו"ד לתתא, וא"ו באמצעיתא. וכבר נתבאר בתיקונים סוף תיקון כי אות **א** בציור יו"י היא בחכמה, וזו הוא' שבאמצע צריך לחלקה לאורכה, ותהיה שני וי"ן זו על גבי זו, כזה - **א** ואז נמצאו יו"ד עלאה עם וא"ו עלאה, הם י"ו שינים העליינים, ויו"ד וא"ו התחתונים הם י"ו שינים התחתונים. תרשים ה – י"ד)ג' חלקים(.

56

בית לחם יהודה ש"'ד פ"ה - וזה סוד מה שארז"ל אלף בינה. הוא בשבת דק"ד ע"א.

57

גמרא שבת דק"ד ע"א – אל"ף בי"ת **אלף בינה**, גימ"ל דל"ת גמול דלים.

58

תיקוני הזהר, הקדמה שניה, פתח אליהו – בינה לבא, ובא הלב מבין.

59

יש את האותיות הפשוטות, והם בכתר, מילוי האותיות הוא בחכמה, ומילוי דמילוי הוא בבינה. כאן הרב רומז על האות א' במילוי דמילוי שמספרה רס"ו, שהיא בבינה. ודווקא הרב רמז אותה הגימטריא של מילוי דמילוי, כי צורה זאת היא בבינה.

60

לפעמים הרב ממלא את אות פ' במילוי עם אות א' כזה **פ"א**, ולפעמים הוא ממלא את אות פ' באות ה' כזה **פ"ה**, לא ראינו שהרב ממלא את אות פ' עם אות י'.

ס"ג עם שם הוי"ה **גימטריא פ"ט**, הרי כי ברס"ו שהוא אל"ף במילוי מילואו שהוא אל"ף למ"ד פ"א, **יש ג' שמות ס"ג וג' שמות הוי"ה נגד ג' מיני ס"ג אלו הם,** [61] **ג' מיני ס"ג שייש למטה בתבונה,** בסוד ב' **פעמים נ"ז וה' כנ"ל** כמו שהרב ביאר בפרק ד' שבשער זה[62]. **וכן בכללות הם ס"ג, הרי ג' ס"ג** בבינה דתבונה. **והנה** ידעת שט"ז[64] **כי ג' שמות הוי"ה הם ג' אלפין, כי אות א' צורתה כ"ו, כזה יו"י** והם י' ו' י' והם בגמטריא הוי"ה **אזת, הרי שברס"ו** שהם מילוי דמילוי דאות א', שהוא אלף, פא, למד, פא **הנ"ל, יש ג' ס"ג וג' אלפין** שהם ג' הוי"ת בצורת א' וצורתה י' ו' י'[66]**, וכבר אמרנו כי כל אלף גימ' ל"ג** כי אות א' מתחלקת באמצעיתה לאותיות י' ו' י' שהם בגמטריא ל"ב עם הכולל הם ל"ג, **וג' פעמים ל"ג,**

---

[61]

בית לחם יהודה ש"ד פ"ה - הם ג' מיני ה' גבורות שיש למטה בתבונה. הם הג' מיני ס"ג הנזכר בסוף פרק ד' דלעיל

[62]

הרב ז"ל ביאר כי שם נ"ח הוא בתבונה דתבונה, וכאשר מצרפים איתו את ה' תתאה שירדה לז"א, הרי יש ס"ג אחד. וכאשר מצרפים את שם נ"ח עם ה' עילאה, הרי יש ס"ג שני.

ע"ח ש"ד פ"ד די"ט ע"ד - והרי עתה הם ה' לעילא, וה' לתתא, נ"ח באמצעיתא ואם תחבר נ"ח עם ה' תתאה, יהיה ס"ג, וכן אם תחבר ה' עילאה עם נ"ח, יהיו גם כן ס"ג, וזה סוד אלה תולדות נ"ח נ"ח. ודרשו רז"ל נייחא בעלאין, נייחא בתתאין. והוא מה שכתבנו בענין זה, כי בהתחברות נ"ח למעלה בה' עלאה, יהיה ס"ג, ובה' תתאה ס"ג.

[63]

בית לחם יהודה ש"ד פ"ה - והנה ידעת כי ג' שמות הוי"ה הם ג' אלפין. הודעה הנזכרת היא הנזכרת בריש תיקון ס"ט, אחר שני דפים ובדפוס ליוורנו, הוא בדף ק' ע"א. וענין זה הביאו רז"ל באורך בפרק ו' דשער ט"ז יער"ש.

[64]

ע"ח שט"ז פ"ו דפ"ב ע"ב - וביאור מזלא הוא, כי כבר בארנו לך בפרשת נשא בר"מ כי י"ג ת"ד הם ג' שמות הוי"ה דיודי"ן, והנה ג' הויות הם י"ב אותיות, והם סוד י"ב ת"ד, ותיקון הי"ג הוא כולל כולם, כי בו יש כל ג' הויו"ת (פעם ב')הנ"ל, שהם י"ב אותיות והי"ג הכוללת. והנה ג' הויו"ת הם ע"ח גימטריא מזלא או מזל עצמו עם המלה, והבן זה. והנה בזוהר אמרו כי ב' ת"ד הח' והי"ג, שניהן נקראו מזלא, והענין כי ב' מסוג אחד, כי הם יורדים תרווייהו בשיקולא עד טבורא, כנזכר באדרא קל"א, ואלו הב' מזלות מהם יונקים או"א השפע הנ"ל, מכתרא ומוחא סתימאה, כי או"א אתכלילו במזלא, ושיעור או"א הם עד טבורא של א"א, נמצאו אלו הב' מזלות חפיין עלייהו, ואבא עיקר יניקתו ממזל הח', ואמא מן הי"ג, ולפי שמזל ח' עליון מן הי"ג, לכן אבא דיניק ממנו הוא גדול מאמא, אך בערך דתרווייהו כחדא נפקי ונחתין בשיקולא עד טבורא, לכן גם או"א כחדא נפקי וכחדא שריין. והנה בזה ידעת איך או"א כחדא שריין, ואיך אבא גדלה מעלתו מאמא, וראוי שתדע כי מזל הח' הוא סוד א', שציורו יו"י ומזל י"ד צורתו א' יו"י כנזכר בתיקונים, שיש ב' מיני אחד, והנה להיות שמאלו הב' מזלות הם יונקים או"א, לכן א' שצורתו יו"י הוא באבא, וא' שצורתו יו"ד באמא, כי הד' היא נקבה. והנה טעם היות מזל הח' צורת יו"י כי הרי הוא נחית בשקולא עד טבורא, לכן בו נכללין כל י"ג ת"ד, שהם י"ב ועמו י"ג והי"ב, שהם מתגלין בו הם צורת ו' שבאמצע אות א', וכבר בארנו כי כל ו' כפולה ו'"ו, הרי י"ב. גם הודעתיך בענין ווי עמודים שהוא סוד ו' שבאמצע אות א'.

[65]

תרשים ה – ט"ו.

[66]

תרשים ה – ט"ז.

ל"ג, ל"ג, גימטריא ק' (צ"ל עם הכולל), הוא סוד הק' [ד"כ ע"ב 39] בבינה עליונה שהיא אוזן דא"ק, כמו הק' שביארנו בתבונה שהוא חיבור נ"ח עם מ"ב. ואמנם[67] ק' זו אם תחבר אותה עם רס"ו שהם ג' שמות ס"'ג עם ג' הויו"ת הנ"ל, הם ביחד גמטריא שס"ו, וזה[68] עם הכולל שס"ה מנין ימות הזומה שהוא ז"א[69] והשר הבינה מתפשטת בו לתת לו מוחין, וכל זה כדי ז"א ינהיג את העולם, וכבר[70] הודעתיך כי אות אל"ף הוא בינה, וגם ידעת כי בינה היא אוז"ן, גם ידעת מה שכתוב בספר הבהיר[71] כי אוז"ן צורת אל"ף[72], והוא מובן עם הנ"ל. ואמרנו איך מן הל"ג הזה נמשכו ג' אלפין כי כל א' הוא מספר ל"ג, וג' פעמים ל"ג שהוא עם הכולל ק'. וק'[73] זה הוא שורשו מאדנ"י צ"ל אדנ"י

67

בית לחם יהודה ש"'ד פ"ה - ואמנם ק' זו עם רס"ו הנ"ל הם שס"ו. קשה והלא חשבון הרס"ו אינו כי אם על ידי צירוף ג' הויו"ת עם ג' פעמים ס"ג, כנז"ל. ומאחר שהוא עושה את הג' הויו"ת לג' אלפין, שהם ק' אם כן חסר להו הרס"ו סך ג' הויו"ת הנזכר, ולא נשאר מהרס"ו רק קפ"ח, והיכי מצרף להו פעם שניה עם הרס"ו. ויש ליישב בדוחק לפי שנשתנה חשבון הכ"ו דהוי"ה ונעשה ל"ג, משום הכי מצרף שני החשבונות ביחד.

68

בית לחם יהודה ש"'ד פ"ה - וזה שס"ה מנין ימות החמה. כי החמה הוא החותם שהיא ז"א הנקרא חמה, כמבואר בפרק ב' דשער ל"ו, שכתב שם וז"ל - וזהו נמי ענין הוצאת חמה מנרתקה הנזכר בדברי רז"ל וכו', והענין כי חמה הוא ז"א, ונרתקו היא נוקבא, יעו"ש. ושס"ה ימים ורביע של שנות החמה, הם נמשכים אליו מבינה הנזכר שהיא האזן.

69

ז"א נקרא חמה.

ע"ח ח"ב של"ו פ"ב דנ"ו ע"ג - וזהו נמי ענין הוצאת חמה מנרתקה הנזכר בדרז"ל, ובתיקונים שהם הוי"ה אדנ"י, כנזכר בתיקון כ"א דנ"ח. והענין כי חמה הוא ז"א, ונרתקו הוא נוקבא שמלבשת נה"י שבו.

גמרא נדרים ד"ח ע"ב - ופליגא דרבי שמעון בן לקיש, דאמר - אין גיהנם לעולם הבא, אלא הקדוש ברוך הוא **מוציא חמה מנרתיקה**, צדיקים מתרפאין בה, ורשעים נידונין בה. שנאמר וזרחה לכם יראי שמי שמש וגו'. ולא עוד, אלא שמתעדנין בה, שנאמר - ויצאתם ופשתם כעגלי מרבק. והרשעים נידונין בה, שנאמר - הנה יום בא בוער כתנור וגו'.

זהר ויקרא דט"ז ע"ב – יהו"ה איהו חָמָה, נרתיקה דיליה אדנ"י, והיינו רזא דאוקמוה, לעתיק לבוא מוציא הקדוש ברוך הוא חמה מנרתיקה, צדיקים מתרפאין בה, ורשעים נדונים בה.

70

בית לחם יהודה ש"'ד פ"ה - וכבר הודעתיך כי אלף הוא בינה. הוא לעיל בסמוך, ובספר הליקוטים איוב סימן ל"ג, ובזוהר בלק דקצ"ג ע"ב, ועיין ביאיר נתיב מערכת אלף.

71

ספר הבהיר – סימן ס"ט, ע' – דבר אחר, מאי דכתיב ה' שמעתי שמעך יראתי וגו', מה טעמא כשאמר שמעך, אמר יראתי, וכשאמר בקרב שנים לא אמר יראתי, אלא משמעך יראתי. ומאי משמעך, מקום ששומעים בו, מה טעמא אמר שמעתי, הבנתי מבעי ליה, כדבר האמור – גוי אשר לא תשמע לשונו. ומה טעמא אמר יראתי, משום **דאוזן דמות אל"ף**, ואלף ראש לכל האותיות, ולא עוד אלא אל"ף גורמת לכל האותיות קיומם.

72

בתוך אוזן יש את הצורה של א'.
תרשים ה' – י"ח.

73

הָעֶלְיוֹן[74] אֲשֶׁר בְּכַאן, וְהֵם[75] סוֹד מֵאָה אֲדָנִים שבמשכן, אֲשֶׁר יְדַעְתָּ בִּיאוּרָם שֶׁהוּא אֲדֹנָ"י גִּימַטְרִיָּא ס"ה, וְעִם מִילוּי הַמִּילוּי שֶׁלוֹ שהם[76] אותיות אל"ף למ"ד פ"א, דל"ת למ"ד ת"ו, נו"ן וי"ו נו"ן, יו"ד וי"ו דל"ת, שֶׁהֵן ל"ד אוֹתִיּוֹת[77], ושם אדנ"י שהוא גמטריא ס"ה עם ל"ד האותיות הרי הֵן גמטריא צ"ט אותיות, כְּמִנְיַן ג' ל"ג שהם ג' אלפי"ן הַנַּ"ל, וְעִם כְּלָלוּתָם הֲרֵי ק' חלקים. וְהִנֵּה יָדַעְתָּ סוֹד הפסוק[78] אֲדֹנָ"י שְׁמָעָה אדנ"י סלחה אדנ"י הקשיבה כו', כִּי הַשְּׁמִיעָה היא בשם אדנו"ת והיא בָּאֹזֶ"ן דא"ק וְהִיא בִּינָה, לָכֵן רָאשֵׁי תֵּבוֹת המילים שבפסוק שְׁמָעָה סְלָחָה הַקְשִׁיבָה הם שס"ה כְּמִנְיַן שהוא ג' שמות ס"ג עם ג' הויו"ת בציור אלפי"ן ועם ק' דאדנים הַנַּ"ל, שֶׁהֵם ז"א הנקרא יְמוֹת הַחַמָּה המקבל את המוחין שלו מהבינה[79] שֶׁשָּׁרְשָׁם בַּבִּינָה דא"ק, והיא באוזן דא"ק, לָכֵן מִתְחַזְּלִין מִשְּׁמִיעָה, וְגַם בֵּיארְנוּ אֵיךְ שַׁיָּיךְ שָׁם אֲדֹנָ"י בְּכַאן כי שם אדנ"י הוא גמטריא ס"ה, ועם מספר האותיות של שם אדנ"י במילוי דמילוי שהם ל"ד, ושם אדנ"י עם האותיות מילי דמילוי הם בדמטריא ק', וְלָכֵן עִיקָּר אֲמִירָה זוֹ של הפיוט אדנ"י שמעה בְּיוֹם

בית לחם יהודה ש"ד פ"ה - ומאה זה הוא שרשו מאדנ"י העליון. צ"ל אדנ"י העליון, ואות מ' נמחק, וכן הגירסה בע"ח כתב יד, ובשער הקדמות דל"ב ע"ג, שכתב שם וז"ל - ואמנם מאה אלו הם בחינתם שם אדנ"י העליון אשר כאן למעלה וכו', יעו"ש. כי המאה הם עלתה בחינת שם אדנ"י הזה העליון, מכל שאר האדנות, כי כולם למטה משם זה.
74

יש אדנו"ת תחתון שהוא באצילות, ושורשו בא"ק הנקרא אדנ"י העליון.
75

בית לחם יהודה ש"ד פ"ה - והם סוד מאה אדנים. ויהיה מלת אדנים מלשון אדנ"י, כך כתוב בספר הלקוטים פרשת פקודי.
76

אותיות הפשוט דשם אדנ"י הם ד'. מילוי השם הוא אל"ף, דל"ת, נו"ן, יו"ד. ומילוי דמילוי הם אל"ף למ"ד פ"א, דל"ת למ"ד ת"ו, נו"ן וי"ו נו"ן, יו"ד וי"ו דל"ת, והם ל"ד אותיות.
77

שער הכוונות, דרושי העמידה, דרוש ה' - גם תכוין בר"ת של ופ"י יגי"ד תהלת"ך שהם תי"ו, ותכוין להמתיק כל הכ"ב אותיות מאלף עד תיו, שנרמזה בפה העליונה בתיבת ופי כנ"ל. ולכן נרמזה תיו בהפוך וי"ת לרמוז שהיא מחוברת ופונה פניה לאחור כלפי כל הכ"ב אותיות הקודמות אליה. וס"ת הנז' ידך, והוא סוד הה"ג דמנצפ"ך אשר שרשם בה' אצבעות היד כנודע. ותכוין למתקם ע"י שם בוכ"ו שהוא תמורת שם אהיה כנודע, והוא בגימטריא ידך, אשר הוא יורד מן **הבינה** אל המלכות, ועל ידי זה מתמלאת המלכות **בל"ד אותיות דמילוי המילוי של אדני** שהם בגי' ידך, כי בכח השם הנזכר מתמלאת היא, כך ושמור כלל זה. גם תכוין למתק את מנצפ"ך הנזכר בתיבת ידך הנזכר עם **ד"ל אותיות מילוי דמילוי אדני** והרי הם שני מתוקים. כוונה זאת מובאת בסידור הטהור למרן הרש"ש.
תרשים ה – י"ט.
78

דניאל ט' י"ט – אדנ"י שמעה, אדנ"י סלחה, אדנ"י הקשיבה, ועשה אל תאחר למענך אלה"י כי שמך נקרא על עירך ועל עמך.
79

על פי דרוש הדעת הבינה היא בחינת פרצופי ישראל סבא ותבונה, אשר מוחין דז"א מתלבשים בהם, וז"א מלביש את הנה"י של ישסו"ת בזמן נתינת המוחין לז"א.
תרשים ה – כ.

הכיפורים שהוא יום תשובה, והתשובה[80] **הרומז על הבינה** דא"ק[81]. [82] **גם בזה תבין איך כל סוד הבינה הם קולות הנשמעים באז"ן, ואלו הם מה שביארנו בסוד ה' עינוים דיום הכיפורים, שאז אין מלכות** שהיא הנוקבא אשת ז"א, והיא רחל נקרת הבית **ותפארת** שהוא ז"א **נזונים אלא** מסוד ה' **קולות** שהם ה' תפילות דיום הכיפורים, והם בחינה רוחנית, בסוד הפנימיות, **לא מסוד אכילה ושתיה** שהם בחיצוניות[83]. **גם תבין כי הלא**

80

שער הכוונות, דרושי העמידה, דרוש ו' - השיבנו כו', הוא כנגד **הבינה** שבה כנ"ל, אמנם תכוין אל הבינה בבחי' החסד שבה, שהוא סוד המקוה שבה, והחסד שהוא הנותן קומת המלכות ואיהו דילה, בסוד מ"ש בזוהר אתא חסד ופריש ענפין וגזעין מתתא לעילא, כנזכר בפרשת אחרי מות, ואותיות קומה ומקוה שוים, ולכן יכוין בהוי"ה מנוקדת בסגול באומרו השיבנו אבינו לתורתך, ובהוי"ה החתימת הברכה הזו יכוין שהיא מנוקדת בצירי, לפי שהיא **ספירת הבינה** שבמלכות כנ"ל.
וכן היא הכוונה בסידורו הטהור של רבינו הרש"ש.
תרשים ה – כ"א.
81

נהר שלום דל"ח ע"ד - כי ביום הכיפורים נתקן הפנימיות, וכדמשמע בסוף פרק י' משער אנ"ך. ודע כי החיצוניות הנתקן בר"ה הוא ב' פרצופי נה"י וחג"ת הכוללים דא"ק, והפנימיות הנתקן ביום הכיפורים, הוא **פרצוף הבינה דא"ק** וכנזכר בפרק ה' משער אח"פ. **כי יום הכיפורים באוזן דא"ק**, אלא שאפשר כי החיצוניות הוא נה"י וחג"ת (דנה"י וחג"ת סכ"י(וחב"ד דא"ק, והפנימיות הוא החב"ד לכל פרט, או אפשר כי החיצוניות הוא פרצוף כל א"ק אורות וכלים, והפנימיות הוא הד' שרשי הנרנח"י שבכתר דא"ק, וכנזכר בפרק הנזכר **כי יום הכיפורים הוא בחוש השמע.**
שער הכוונות, דרושי יום הכיפורים, דרוש ד' - הנה בליל יוה"כ עולה רחל נוקבא תחתונה דז"א עד ראש התבונה, שהיא נוקבא תחתונה דאבא, ואח"כ בתפלת ערבית אנו מעלים אותה ע"י תפילתינו עד בחינת **המלכות של בינה עילאה**, שהיא נוקבא עילאה דאבא כנודע. ובתפילת שחרית אנו מעלים אותה עד **חג"ת דבינה בחזה שלה**. ובחזרת התפילה אנו מעלים אותה עד **דעת דבינה**. ובתפלת מוסף אנו מעלים אותה עד **חכמה ובינה דאימא**, ובחזרה עד **כתר דבינה**. ואמנם ז"א עדיין הוא למטה במקומו, ולא עלה שום עליה, אבל הוא מזדווג בתפלות הנזכרות עם לאה נוקבא עילאה שלו. והטעם הוא כי כל תפלות יום הכיפורים הוא לצורך בנין רחל נוקבא דז"א העיקרית, כדי שתתעטר ותתקשט ע"י אימא עילאה כנזכר, ולכן היא העולה בתחילה עד **כתר דאימא**, והוא נשאר למטה ואינו עולה עד תפלת המנחה. ואז בתפלת המנחה עולים ז"א ולאה עד ראש התבונה, ובחזרה עולים עד **החזה דבינה עליונה**, ובתפלת הנעילה עולים עד **ראש הבינה**, לפי שאינו כמו רחל שעלתה תחילה בדעת הבינה כו', אבל ז"א לעולם עולה כשיעור מדתו ושיעור קומה שלו. ועתה כבר ז"א ולאה ורחל שלשתם שוים כי עלו עד **הכתר דבינה**, ובחזרת הנעילה עולים שלשתם ז"א ורחל ולאה עם אימא עילאה בדיקנא דא"א.
82

הגהות וביאורים)ה(- דע כי בזוהר קרא לבינה תמה, וכן בתיקונים תיקון ו' וי"א, תיקונים אחרונים שתמה נקרא בינה וכו'. אור זרוע.
83

שער הכוונות, דרושי יום הכיפורים, דרוש א' - דע כי כבר נת"ל בענין ראש השנה, כנזכר כי כל ימות השנה ע"י אכילתינו ושתייתינו הגופני, שאנו מברכין עליהם כמה ברכות, המוציא, וברכת המזון, וברכת הנהנין, כלם הנה על ידי הברכות ההם אנו ממשיכין לז"א ולנוקבא רחל, בחינת אכילה ושתיה, רחיצה, סיכה, נעילת הסנדל, תשמיש המטה, מן אימא עילאה, ואמנם האכילה ושתיה ההם הם אכילה ושתיה גופנית נמשך מן **חיצוניות אימא עילאה**, אבל ביום הכיפורים יש לנוקבא דז"א שהיא רחל עילוי יתירה, בב' בחינות שנבאר, אם בעניין מציאות עילוי האכילה והשתיה כו' בעצמה, ואם בבחינת מקום מוצאם. והטעם הוא כי עתה ביום הכיפורים כבר נוסרה רחל לגמרי, וקבלה הדינין מאחוריים דז"א, ע"י ביסום ומיתוק ונמשך לה ע"י ז"א עצמו,

הַתְּבוּנָה דתבונה הִיא ה' אַחֲרוֹנָה שהיא ה"י תתאה דס"ג שֶׁל בִּינָה דתבונה, והבינה דתבונה הם יו"ד ה"י וא"ו דס"ג[84], וְתָבִין[85] בָּזֶה מַה שֶׁכָּתוּב בַּתִּקּוּנִים תיקון כ"א דמ"ט ע"א[86] מַלְכוּת נֶפֶשׁ תְּבוּנָה, כִּי תְּבוּנָה הִיא בְּחִינַת מַלְכוּת, וּבְחִינַת נֶפֶשׁ שֶׁל הַבִּינָה[87]. גַּם תָּבִין בַּתְּבוּנָה עִנְיָינָהּ[88] שֶׁהֵם בֵּן וּבַת ר"ל נרמז במילה תבונה בן בת[89], אַךְ בַּבִּינָה לֹא

כנ"ל בדרוש הנסירה. ועתה ביום הכיפורים היא צריכה לקבל מיתוק הדינין מן אימא עילאה עצמה, שלא ע"י ז"א, ולכן היא צריכה עתה לעלות עד אימא עילאה ממש, ומתעלית למעלה מז"א, וכיון שעלתה שם אינה מתפרנסת מן אימא מן אכילה ושתיה גופנית מחיצונית כבתחלה, **אבל היא ניזונת מן המקום שאימא עילאה מקבלת וניזונת**, ורוחצת, וסכה, ושותה, ואוכלת, וכל אותם הה' דברים אכילה ושתיה כו' הראשונים נתבטלו, עתה לפי שהם באים לה ממקום גבוה, ולכן אינם מושגים אלינו במששות, רק בסוד הבל היוצא מן הפה, ומאותו הבל ניזונת עתה רחל ביום הכיפורים, ולכן נצטוינו בה' מיני עינוים אלו שהם אכילה ושתיה, כי נתבטלו ממנה עתה ביום הכיפורים ואינה ניזונת אלא מהבל היוצא מפה עליון, ולכן כנגדם תיקנו ה' תפילות ביום הכיפורים כנגד ה' דברים אכילה ושתיה כו', כי התפלות הם בסוד הבלים היוצאים מן הפה.
84

יו"ד ה"י וא"ו דס"ג רומזים על פרצוף הבינה דתבונה, ה"י האחרונה רומזת לפרצוף תבונה דתבונה. תבונה דתבונה היא חצי הבינה דתבונה בכמות, ורביעית באיכות. כאן הרב מדבר על האיכות.
תרשים ה – כ"ב.
כלל – כאשר הרב ז"ל מדבר על בחינות הבינה והתבונה באותיות, הוא מדבר על בחינת האיכות התבונה ביחס לבינה, שהיא רביעית הבינה. וכאשר הרב ז"ל מדבר על התבונה המלבישה מהחזה ולמטה דבינה, הוא מדבר על כמות, שהיא מחצית הבינה.
85

בית לחם יהודה ש"ד פ"ה - ותבין בזה מה שכתוב בתיקונים מלכות נפש תבונה. היא בתיקון כ"א, בסוף שליש הראשון של התיקון דמ"ט ע"א, וז"ל - בינה דנטלא מחכמה נפש מלכות תבונה. רוח תפארת ואיהו דעת כליל תרווייהו וכו', יעו"ש.
86

תיקוני הזהר, תיקון כ"א דמ"ט ע"א תרגום והסבר – **בגין דנשמתא איהי נשמת חיים** לפי שהנשמה היא נשמת חיים, הנמשכת מן החכמה, בסוד החכמה תהיה בעליה, **בינה דנטלא מהחכמה** ואחר כך הבינה מקבלת את הנשמה ואת החיים מהחכמה, לכן הבינה נקראת נשמת חיים, **נפש מלכות תבונה** הנפש שורשה ממלכות דתבונה, כי התבונה היא בחינת מלכות דבינה, ובחינת המלכות היא נפש, והנפש נמשכת מהתבונה, **רוח תפארת** הרוח הוא בתפארת, **ואיהו דעת** ושורש הרוח בדעת, כי עיקר הרוח הוא בפנימיות התפארת והוא נמשך מהדעת.
87

בחינת ה' אחרונה דשם הוי"ה, היא אותה בחינה של מלכות שבכל פרצוף, או בכל עולם, והיא בחינת נפש של אותו פרצוף, כאן בחינת התבונה היא בחינת מלכות דבינה, לכן הרב ז"ל קורא לה מלכות, וקורא לה נפש. כאשר הרב ז"ל קורא למלכות נפש, הכוונה לפנימיות המלכות.
תרשים ה – כ"ג.
88

בית לחם יהודה ש"ד פ"ה - ענייינה שהם בן ובת. פירוש כי באותיות תבונה יש בהם אותיות בן ובת, אבל באותיות בינה לא ימצא כי אם תיבת בן בלבד.
89

במילה תבונה נרמזים ז"א ונוקבא, שהם בן ובת, גם הם נרמזים באותיות ו' שבתבונה, והם ו' ה' דהוי"ה, שהם ז"א ונוקבא.
שער הכללים פרק י"א ד"ט ע"ג גם דע כי ו' ספירות עליונות שהוא הו' הוא פרצוף אחד, וד' תחתונים שהם סוד הד' הוא פרצוף שני. ולמעלה גם כן סוד מ"ס של הבינה, שהם ב' פרצופים. והנה ז"א (נ"א אמא)

נרמז רק הבן לבד^90, ולמה זה כך, והוא כי בבינה דתבונה עצמה עדיין^91 לא יש חשבון של שם אדנ"י^92 שהוא ק' חלקים, שהם שם אדנ"י עם ד"ל אותיות המילוי דמילוי שלו, רק חשבון של שם הוי"ה^93 שהוא א' בצורת י' ו' ו' י' שהם ל"ב ועם הכולל הם ל"ג חלקים, יוצא שבבינה דתבונה יש ל"ג חלקים, ובתבונה דתבונה יש נ"ח חלקים, אך בהתחברותה של הבינה דתבונה עם התבונה דתבונה, או יש שם שמות הוי"ה אדנ"י, הוא בן ובת צ"ל והם בתבונה דבינה, והוא כי ל"ג חלקים דבינה דתבונה עם נ"ח חלקים דתבונה דתבונה הם צ"א חלקים כבנין הוי"ה אדנ"י הוא בת. הרב נכנס לסוגיה חדשה^94 גם^95 תבין^96 כאן ענין ש"ע נהורין דא"א^97 אורות

פרצוף אחד שהם ו' עליונים שבו, נקרא בינה. פירוש **בן י"ה**. ופרצוף שני שהוא ד' תחתונים שבו, נקרא תבונה **בן ובת**.
תרשים ה – כ"ד.
90

במילה בינה נרמז ז"א באותיות בן שבה, אותיות י' ה' דבינה רומזים לאבא ואימא.
תרשים ה – כ"ה.
91

בית לחם יהודה ש"ד פ"ה - עדיין לא יש חשבון אדנ"י רק חשבון של שם הוי"ה. כלומר אף על פי שכתבנו לעיל שיש חשבון אדנ"י בבינה, הנה כל החשבון ההוא אינו נעשה כי אם משם הוי"ה עצמו, ושם הוי"ה הוא בן ולא בת, ועיקר שם אדנ"י אינו כי אם בתבונה, כי היא בחינת מלכות דבינה, ושם אדנ"י הוא במלכות. כן נראה מלשון שער הקדמות דל"ב סוף ע"ג, שכתב וז"ל - והענין כי בבינה לבדה אין בה בחינת שם אדנ"י הנקרא מלכות ובת, רק יש בה חשבון הוי"ה שהיא בחינת בן יעו"ש. ועוד נתבאר לפי זה דקאי על עיקר חשבון הל"ג דבינה כי לא ימצא בכללות חשבון הל"ג חשבון אדנ"י שהוא ס"ה, רק ימצא בכללותו חשבון שם הוי"ה, וגם בתבונה שהיא נ"ח לא ימצא בכללות חשבונה שם אדנ"י אך בהתחברותה וכו', כן נראה לפרש מדקדוק לשונו, שסיים והיא ל"ג עם נ"ח דתבונה.
92

הגהות וביאורים)ו(- א"י אף שיש לתמוה הלא גם בבינה יש החשבון אדנ"י כנ"ל, וק' זה שרשי אדנ"י כו', משום די"ל דלא נתגלו בבינה רק שרשי אדנ"י ממש.
93

הגהות וביאורים)ז(– מתיבת רק עד הוי"ה ליתא בכתב יד.
94

כאשר הרב ז"ל רוצה לבאר מוסגים עמוקים בא"ק, הוא מבאר עניינים אלו בא"א, ידוע כי כאשר הרב מבאר מוסגים בא"א, מוסגים אלו שיכים גם בא"ק. רק שא"ק הוא בחינת שורש, והוא נעלם, וא"א הוא בחינת ענף. **והמשכיל צריך להבין ראשית דבר מאחריתו.** ועוד ידוע כי א"ק עומד נגד א"א, רק שא"ק הוא במערכת העולמות, וא"א הוא במערכת הפרצופים.
95

בית לחם יהודה ש"ד פ"ה - גם תבין כאן ענין הש"ע נהורין דא"א. כלומר כי גם באזן א"א יש שם ו' פעמים ס"ג דוגמת אזן א"ק, ואותם הו' פעמים ס"ג הם מתפשטים בבחינת פנים דא"א, והם סוד שע"ח נהורין, מלבד השע"ח נהורין שעם צירוף הה' חזורתי הנזכר בא"א בפרק י"ג דשער א"א, כי אותם השע"ח הם בחינת הויו"ת דע"ב, כמבואר בפרק י"ג דהתם, אבל אלו השע"ח הם הויו"ת דס"ג כמו שמבואר בפרק י"ד דהתם, ודהכא כי כמה מיני ש"ע יש בפנים דא"א, כמבואר שם. ובמה שכתב יתיישב שאלת הרב יפה שעה ז"ל בפי"ב דשער א"א, שכתב באות ב' דאורות האזן דא"א לא נתבארו בדברי רז"ל כלל.
96

הגהות וביאורים)ח(– עיין בשער כ"ה פ"ב כלל י"ז.
97

ומא"א אפשר ללמוד על א"ק, **כי הלא ביארנו כי יש באזן זה ג' מיני ס"ג, שהם ה' עליונה ונ"זז, הרי ס"ג א'. וה' תתאה ונ"זז הרי ס"ג ב'. וכל כללותם הם ס"ג** השלישי, **הרי**[98] **ג' פעמים ס"ג** באוזן שבימין שהיא הבינה, **וכן ג' מיני ס"ג באזן שמאלית** שהיא התבונה, **הרי**[99] **ו' פעמים ס"ג גימטריא שע"זז נהורין**[100], ועוד חשבון לשע"ח נהורין הוא **ש"ע נהורין** אורות **הנמשכין** ר"ל יורדים **אל הפנים** שהם ב' מילואי א"ל, **עם זז' אותיות של ב' הוי"ת דזווורתי** הלובן **דברישא דזווורתי** שהוא הלובן שבגולגולא היורד ומכסה את הפנים מצד ימין ומצד שמאל[101], **מצד פני הראש הנמשכין אל הפנים**, והקשר

סוגיה זאת נדונה בהרחבה בשער א"א.

ע"ח שי"ג פי"ג מ"ק דס"ט ע"א - סוד הש"ע נהורין דאנפין, יש בכל צד של הפנים רבוע ע"ב, דהיינו קפ"ד מימין, וקפ"ד בשמאל, והם גימטריא עם הכוללים ש"ע נהורין, ואלו קפ"ד דאחוריים של ע"ב דיודין, הם שורש לש"ע נהורין אחרים שיש בפנים גם כן, והם ב' א"ל במלואם בב' צדדי הפנים ימין ושמאל, וא"ל במילואו גימטריא קפ"ה, ושניהם גימטריא ש"ע. ויש א"ל ג' גם כן בחוטם, שהוא בין ב' עינים, וא"ל זה יוצא מן יא"י דס"ג, שהוא גימטריא א"ל.
תרשים ה – כ"ו
98

בית לחם יהודה ש"ד פ"ה - הרי ג' פעמים ס"ג בימין וכן ג' מיני ס"ג באזן שמאלית. כי גם בבינה יש ג' מיני ס"ג שהם ג' פעמים פ"ט, פ"ט, פ"ט, הנז"ל. ולכאורה היה לומר בהיפך הרי ג' פעמים ס"ג בשמאל, וכן ג' מיני ס"ג באזן ימין, וכו'. שהרי בחינת הנ"ח עם צרוף אות הה' הם בתבונה, שהיא הבל אזן שמאל, כנזכר בפרק א' דלעיל, יעו"ש. אלא נקט ימין תחלה לפי שהדרך להקדים הימין קודם השמאל.
99

בית לחם יהודה ש"ד פ"ה - הרי ו' פעמים ס"ג גימטריא שע"ח נהורין הנמשכין אל הפנים עם ח' אותיות של ב' הוי"ת דחיורתי. לשון רז"ל קצר, וכאילו אמר והם כדוגמת ש"ע נהורין דב' הוי"ת דע"ב, הנמשכין אל הפנים דא"א, שעם הח' חוורתי הם שע"ח.
תרשים ה – כ"ז.
100

ע"ח שי"ג פי"ד דס"ט ע"א - גם באופן אחר כי הפנים הם תיקון ז' הנקרא ואמת, והנה הוא כללות פרצוף פנים עם החוטם, כי ג' שמות ס"ג יש בפן אחד, וג' שמות ס"ג יש בפן שני, והרי הם גימטריא שע"ח, וס"ג אחד בחוטם עצמו, כי כן חוטם גימטריא ס"ג. וז' פעמים ס"ג גימטריא אמת. אמנם הש' שה ס"ג לבד אשר הם בב' הפנים, הם גימטריא שע"ח והוא סוד ח' חוורתא דרישא המתפשטין בפנים, ל**ש"ע נהורין** כנ"ל, והרי הם ש"ע ועם ח' חוורתא, הם שע"ח כנ"ל.
תרשים ה – כ"ח.
101

ע"ח שי"ג פ"ה מ"ת דס"ב ע"ד - והרי בג' מקומות אלו מצינו בחינת י"ג, וצריך להבין מה ענינם, אבל הביאור הוא במה שנת"ל כי ג' מיני הוי"ת של העצמות יש בג' רישין, שכל ראש משלשתן יש בה ג' הוי"ת משונות כי ג' הוי"ת עליונים דרישא עלאה הנקרא גולגלתא דא"א, הם במלוי יודי"ן הנקרא ע"ב, ובהם י"ב אותיות הפשוטות שבהן עם כללות שלשתן הרי י"ג. וכן ג' הוי"ת אחרות ברישא תניינא הנקרא אוירא, במלוי ס"ג והם י"ב אותיות ועם כללות השם בעצמו הרי י"ג. וכן ג' הוי"ת אחרות במילוי מ"ה דאלפי"ן ברישא תליתאי הנקרא מחא סתימאה ובהם י"ב אותיות ובכללות השם בעצמן הרי י"ג. והרי נתבאר ג' בחינות של י"ג, י"ג, הנזכר בב' אדרות. ונבאר הענין הנה הנה הראש עליון הנקרא **גולגלתא רישא חוורא,** הוא סוד הכתר דא"א ויש בו י"ג תיקונים, שהם י"ג אותיות שבג' הוי"ת שבו כנ"ל, עם כללותן והם י"ג, הנזכר באדרא נשא דקכ"ח ע"ב, וז"ל - האי גולגלתא חוורא דיליה אנהיר לי"ג עיבר גליפן, הענין הוא כי האי רישא חוורא יש בה י"ג תקונין דמתפשטין בה, מהאי חוורתא דיליה, **והוא בחינת הלבנונית שיש בגולגלתא בין שער לשער**

של שע"ה נהורין דא"א לא"ק הוא, כי כמו שיורדין שע"ה נהורין לפנים דא"א, כך הוא בא"ק. עוד סוגיא **גם**[102] **תבין ענין שם מ"ה דאלפי"ן**[103] שהוא יו"ד ה"א וא"ו ה"א, ובשם מ"ה יש ג' אותיות א', **שהוא בזוטם דז"א** והוא בחינת רוח, **כי שם מ"ה הוא בז"א, וגם הזוטם** הוא **גימטריה** ס"ג, **נגד ה' תתאה** שהיא התבונה השלישית **דאתלבשת כאן** בחוטם, שהוא ז"א דא"ק, **ונעשה** ס"ג כנ"ל. והוא גם כן ענין **גימטריא אז"ן** שהוא גמטריא נ"ז, **הנמשך עם ה'** תתאה זו שהיא התבונה השלישית, **ונעשית** ס"ג **כמנין זוטם**[104].

כנזכר שם וסודו, הוא כי השערות עצמן הם בחינת צורת אותיות הנכתבות בדיו, והלבנונית הוא בחינת הנייר והקלף הלבן שעליו כותבין האותיות, ויש בחינת שערות מעולין מן הלבנונית, ויש בחינת אחרת שהלבנונית מעולה מן השערות, כמו שכתוב במקום אחר בענין היחודין ביחוד ה'. וזהו טעם שמן החוורתא מנהורא דיליה ירתין צדיקייא ת' עלמין דכסופין, ומן השערות יונק הז"א עצמו ולמטה. בע"ה נבאר איך ע"י מתלבשין ז"ת דיליה ברישא דא"א, ונ"ה שלו מתלבשין בב' בחינות של א"א, והם ב' אזנים וב' עינים שבו. והנה בב' בחינות אלו אין שער גדל בהם, אמנם כאשר חוזר מתא לעילא דרך האי קרומא דאוירא דא"א, אשר שם מתלבש תפארתת דעתיר יומין, שהוא בחינת ו' כנודע, אז ההארות ההם יוצאין על הגלגלתא דא"א ונעשין נימין ועשרות כדמיון צורת ווין, כי השערות יוצאין מבחינת נצח הוד הנקרא ווי העמודים, והבן זה. ולכן מכח אלו בחינות נתהוו ב' בחינות ברישא עלאה דא"א בגלגלתא, והם החוורתא והשערות, זה בבחינת כתיבת אותיות עצמן, וזה בבחינת הקלף והנייר הלבן הסובל הכתב עליו. והנה זאת החוורתא מתחלקת לי"ג ארחין, כי כבר בארנו לעיל שיש בהאי רישא חוורתא ג' הוי"ת, ובהם י"ב אותיות, ועם הכולל הרי י"ג. והם מתחלקין באופן זה, כי באחורי רישא יש הוי"ה אחת ובה ד' אותיות, **ובצד הפנים יש ב' הויו"ת בב' הלחיים זו מצד זו, וזו מצד זו**, והחוטם מפסיק ביניהן. **תרשים ה – ל.**
102

הלכה למעשה כל שמות אלו נמצאים בסדורו הטהור של רבינו הרש"ש.

אזז"פ

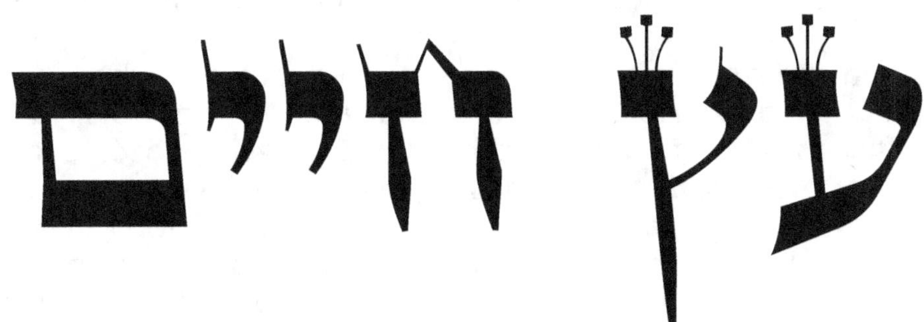

עֵץ חַיִּים

לרַבֵּינוּ חַיִּים וִיטַאל

שֶׁקִיבֵּל מִמָרָן הָאֲרִ"י זלה"ה

שַׁעַר ד'

שַׁעַר אוז"פ

פֶּרֶק ה'

חֶלְק הַתַרְשִׁימִים טַבְלָאוֹת וְצִיּוּרִים

שִׁמְחַת חַיִּים

הקדמה קצרה

דע כי כל התרשימים הציורים והטבלאות, הם אך ורק לשכך את האוזן, ולשבר את העין. וכל הציורים הם לא שלמים.

כתב הרי"ח הטוב ברב פעלים ח"ב בסוד ישרים ה' - אך דע לך כי סדר התלבשות המחצבים שכתב מהרח"ו בשערי קדושה עד עולם הזה שאנחנו עומדים בו. וכן סדר התלבשות הפרצופים אשר בכל מחצב ומחצב, וסדר התלבשות העולמות זה בזה, והיושר והעיגולים, לא אית אינש דכיל למנלע רזא דנא, איך היא עשוי, איך הוא עומד, ולא אפשר לשכל אנושי לצייר כל הנזכר על אמיתתם, ועל בוריין מפני כי שכל האנושי בהיותו עצור ומונח בגוף גשמיי, אי אפשר לי להשיג דבר רוחני, והוא זה דומה לאדם סומא מן הבטן שלא ראה מאורות מימיו, דודאי אי אפשר לו לצייר מראות השמש והירח הנראין לעיני הבריות, וכל שכן מה שיש למעלה למעלה.

וכן כתב ברב פעלים ח"א בסוד ישרים א' - סוף דבר הכל נשמע, ה' אחד ושמו אחד, ואין לו גוף ולא דמות הגוף, ואין לו שום ציור, ותמונה ודמיון כלל ועיקר, וגם כל העולמות וספירות הקדושים למעלה אין להם ציור ודמיון של גופים האלה כלל, ואין מי שיוכל לידע איך הוא עמידתם וסדרם, איך עומדים עולמות היושר ועולמות העיגולים, ואיך מתחברים זה עם זה, ואיך נמשך השפע מזה לזה, ואיך הוא תוארם ומראיהם, ואיך הוא מהות השפע המחיה אותם, ומקיים אותם, וכמה הוא שיעור אורכם וגובהן ורחבם, ואיך הם נכללים זה בזה, ומלבישים זה לזה, כי בכל זאת אין שום שכל אנושי יוכל לדעת, ולהבין, ולהשיג, כלל ועיקר.

הרב ז"ל כתב בשער אח"פ תחילת פ"א וז"ל - כבר ידעת כי אין בנו כח לעסוק קודם אצילות עשר ספירות, ולא לדמות שום דמיון וצורה כלל ח"ו, אך לשכך האזן, אנו צריכים לדבר דרך משל ודמיון, לכן אף אם נדבר במציאות ציור שם למעלה, אין הדבר רק לשכך האזן. אמנם דע כי עשר ספירות דאצילות הם שתי עניינים. האחד הוא התפשטות הרוחניות, והשני הוא כלים ואברים אשר העצמות מתפשט בהם. והנה צריך שיהיה לכל זה שורש למעלה לשתי בחינות אלו, ולכן צריכין אנו לדבר בסדר המדרגות מראש עד סוף, והנה נתחיל ונאמר כי הלא הא"ס ב"ה אין בו שום ציור כלל ח"ו כמבואר.

הרב ז"ל כתב בשער טנת"א פ"א - והנה אף על פי שאנו מכנים וקוראים כאן כנויים אלו כגון אדם ראש אזנים וכיוצא אינו רק לשכך האזן לשיובנו הדברים לכן אנו מכנים כנויים אלו במקום גבוה, עד כאן לשונו.

וכן הרמ"ק בפרדס רימונים ש"ו פ"א - וציירו להם המקובלים צורות ביריעות גדולות וקראום אילן. הרב ז"ל כתב בסוף ש"ה פ"ד וז"ל - ואמנם דבר גלוי הוא כי אין למעלה גוף ולא כח גוף חלילה. וכל הדמיונות והציורים אלו לא מפני שהם כך חס ושלום. אמנם לשכך את האוזן לכשיוכל האדם להבין הדברים העליונים הרוחניים בלתי נתפסים ונרשמים בשכל האנושי, לכן ניתן רשות לדבר בבחינת ציורים ודמיונים, כאשר הוא פשוט בכל ספרי הזוהר. וגם בפסוקי התורה עצמה כולם כאחד עונים ואומרים בדבר הזה כמו שאמר הכתוב עיני ה' המה משוטטים בכל הארץ. עיני ה' אל צדיקים. וישמע ה'. וירא ה'. וידבר ה'. וכאלה רבות וגדולה מכולם מה שאמר הכתוב ויברא אלהים את האדם בצלמו בצלם אלהים ברא אותו זכר ונקבה וגו'. ואם התורה עצמה דברה כך גם אנחנו נוכל לדבר כלשון הזה, עם היות שפשוט הוא שאין שם למעלה אלא אורות דקים, בתכלית הרוחניות, בלתי נתפשים שם כלל, וכמו שאמר הכתוב כי לא ראיתם כל תמונה, וכאלה רבות.

ואמנם יש עוד דרך אחרת כדי להמשיך ולצייר בה הדברים העליונים, והם בחינת כתיבת צורת אותיות, כי כל אות ואות מורה על אור פרטי עליון, וגם תמונת זו דבר פשוט הוא כי אין למעלה לא אות, ולא נקודה, וגם זה דרך משל וציור לשכך את האוזן כנזכר. ולכן נבאר עתה הקדמה הנזכר על דרך ציור האותיות גם כן ובבחינת ציורים אלו, הן ציור האדם, והן ציור אותיות, שתיהן מוכרחים להבין ענין האורות העליונים, כאשר תראה ספרי הזוהר בנויים על שתי בחינות הציורים האלה, עד כאן לא.

ולכן גם אנחנו הרשינו לעצמינו לצייר ציורים, תרשימים וטבלאות, אך ורק כדי לשכך את האוזן, ולשבר את העין, כדי להבין את הסוגייה.

אח"י

תרשׁימים שׁעׁר ד' פרק ה'

סדר שמות שמות ההיכלות והשערים בעץ חיים

שם היכל	שער	שם השער	פרקים														
			א	ב	ג	ד	ה	ו	ז	ח	ט	י	יא	יב	יג	יד	טו
אדם קדמון	א	עיגולים ויושר	א	ב	ג	ד	ה										
	ב	השתלשלות י"ס דרך עגו'	א	ב	ג												
	ג	סדר אצילות למהרח"ו	א	ב	ג												
	ד	אח"פ	א	ב	ג	ד	ה										
	ה	טנת"א	א	ב	ג	ד	ה	ו	ז								
	ו	עקודים	א	ב	ג	ד	ה	ו	ז	ח							
	ז	מטי ולא מטי	א	ב	ג	ד	ה										
נקודים	ח	דרושי נקודות	א	ב	ג	ד	ה	ו									
	ט	שבירת הכלים	א	ב	ג	ד	ה	ו	ז	ח							
	י	תיקון	א	ב	ג	ד	ה										
	יא	מלכים	א	ב	ג	ד	ה	ו	ז	ח	ט	י					
הכתרים	יב	עתיק	א	ב	ג	ד	ה										
	יג	א"א	א	ב	ג	ד	ה	ו	ז	ח	ט	י	יא	יב	יג	יד	
או"א	יד	או"א	א	ב	ג	ד	ה	ו	ז	ח	ט	י					
	טו	זווגים	א	ב	ג	ד	ה	ו									
	טז	הולדת או"א וזו"ן	א	ב	ג	ד	ה	ו	ז								
ז"א	יז	ז"א	א	ב	ג	ד											
	יח	רפ"ח נצוצין	א	ב	ג	ד	ה	ו									
	יט	אב"ד	א	ב	ג	ד	ה	ו	ז	ח	ט	י					
	כ	המוחין	א	ב	ג	ד	ה	ו	ז	ח	ט	י	יא	יב			
	כא	לידת המוחין	א	ב	ג												
	כב	מוחין דקטנות	א	ב	ג												
	כג	מוחין דצלם	א	ב	ג	ד	ה	ו	ז	ח							
	כד	פרקי הצלם	א	ב	ג	ד	ה	ו	ז								
	כה	דרושי הצלם	א	ב	ג	ד	ה	ו	ז	ח							
	כו	צלם	א	ב	ג	ד											
	כז	פרטי עי"מ	א	ב	ג	ד											
	כח	עיבורים	א	ב	ג	ד	ה										
	כט	נסירה	א	ב	ג	ד	ה	ו	ז	ח	ט						
	ל	פרצופים	א	ב	ג	ד	ה	ו	ז								
	לא	פרצופי זו"ן	א	ב	ג	ד	ה										
	לב	הארת המוחין	א	ב	ג	ד	ה	ו	ז	ח	ט						
	לג	אונאה	א	ב	ג	ד	ה										
נוק' דז"א	לד	תיקון הנוקבא	א	ב	ג	ד	ה	ו	ז								
	לה	הירח	א	ב	ג	ד	ה										
	לו	מעוט הירח	א	ב	ג	ד											
	לז	יעקב ולאה	א	ב	ג	ד	ה										
	לח	לאה ורחל	א	ב	ג	ד	ה	ו	ז	ח	ט						
	לט	מ"ן ומ"ד	א	ב	ג	ד	ה	ו	ז	ח	ט	י	יא	יב	יג	יד	טו
	מ	פנימיות וחצוניות	א	ב	ג	ד	ה	ו	ז	ח	ט	י	יא	יב	יג	יד	טו
	מא	חשמל	א	ב	ג												
אבי"ע	מב-א	דרושי אבי"ע	א	ב	ג	ד	ה	ו	ז	ח	ט	י	יא	יב			
	מב-ב	כללות אבי"ע	א	ב	ג	ד											
	מג	ציור עולמות אבי"ע	א	ב	ג	ד											
	מד	שמות	א	ב	ג	ד	ה	ו	ז								
	מה	מקיפין	א	ב	ג	ד											
	מו	כסא הכבוד	א	ב	ג	ד	ה	ו									
	מז	סדר אבי"ע	א	ב	ג	ד	ה	ו									
	מח	קליפות	א	ב	ג	ד											
	מט	קליפת נוגה	א	ב	ג	ד	ה	ו	ז	ח	ט						
	נ	קיצור אבי"ע	א	ב	ג	ד	ה	ו	ז	ח	ט	י					

טבלת ערכים

עשיה	יצירה	בריאה	אצילות	אדם קדמון	עולמות
נוקבא	ז"א	אמא	אבא	ע"י וא"א	פרצופים
מלכות	חג"ת בה"י	בינה	חכמה	כתר	ספירות
ה	ו	ה	י	קוץ של י'	הוי"ה
נפש	רוח	נשמה	חיה	יחידה	אורות
ב"ן - יוד הה וו הה	מ"ה - יוד הא ואו הא	ס"ג - יוד הי ואו הי	ע"ב - יוד הי ויו הי	שורש הוי"ה	מלוי
אותיות	תגין	נקודות	טעמים	שורשים	טנת"א
אין ניקוד	סגול, שוה, חולם חיריק, קבוץ, שורוק	צרי	פתח	קמץ	נקודות
עטרת היסוד	גוף וברית	מוח שמאל	מוח ימין	גולגולתא	אדם
כבד	לב	מוח	ל - מקיף, חיה	מ - מקיף, יחידה	מל"צ
היכל	לבוש	גוף	נשמה	שורש	שנגל"ה
יעו"ר	זו"ן	ישסו"ת	או"א עלאין	ער"ן אאו"ן	י"ב פרצופים
כלים	לבושים	צלמים	מוחין	אורות	כל צמא
עור	בשר	גידין	עצמות	מוח	אברים
דיבור	ריח	שמיעה	ראיה	מוח	חושים
חושך	מלאכים	נשמות	ספירות	א"ס	מחצבים
צ' כבד	צ' לב	צ' מוח	ל' מקיף א'	מ' מקיף ב'	צלם
דומם	צומח	חי	מדבר	אלוקות	דחצב"ם
עפר	רוח	אש	מים	יולי	יסודות
וילון	מכון, מעון, זבול שחקים, רקיע	ערבות	ערבות	ערבות	רקיעים
לבנה	ככבים	מזלות	גלגל היומי	גלגל השכל	גלגלים
לבנת הספיר	אהבה, זכות, רצון, עצם השמים, לבנת הספיר	קודש קודשים	קודש קודשים	קודש קודשים	היכלות
כו - וד ה ו ה	יט - וד א או א	לז - וד אי י	מו - וד י יו י		מלוי הוי"ה
קנ"א - אלף הה יוד הה	קמ"ג - אלף הא יוד הא	קס"א - אלף הי יוד הי	קס"א - אלף הי יוד הי		אהי"ה

פתוחות
ם ו ץ ף ר
סתומות
מ נ צ פ כ

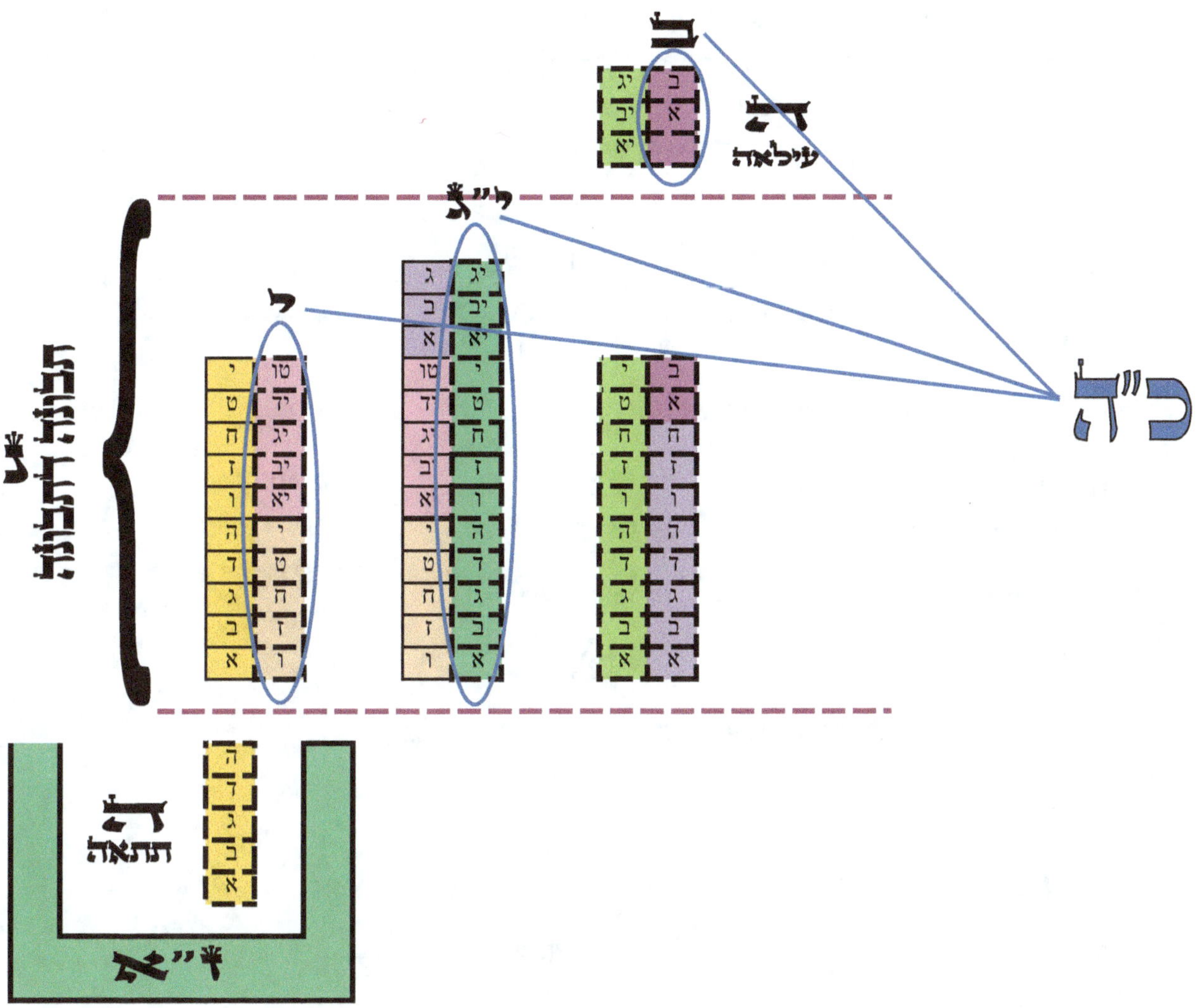

ויכוין להעלות את המ"ן שהם עשר ניצולי אור שנפלו בעשיה מאורות המלכים דמיתו שנבררו עתה ע"י עשרה הרוגי מלכות מי"ס דעשיה באל נקמות ועתה חיו וחזרו למלכותם, וזהו ה' מלך ניצולי חב"ד וחג"ת דעתיק ונוק' וא"א ונוק' וכן על זה הדרך.

חכמה · א"א · עמיק ונוק' · בינה · או"א · אבא ואימא
חסד
נצח · חב"ד וחג"ת · א"א ונוק' · גבורה הוד · חב"ד וחג"ת · יסוס"ת

יְהֹוָה מֶלֶךְ · יאהדונהי · יְהֹוָה · יאהדונהי · מֶלֶךְ·

דעת · זו"ן · ז"א נוק'
מ"ה
מספר נקודות ג' · יסוד · חב"ד וחג"ת · יעקב ורחל · מס' מלך מלך ימלך
סיום גי' יב"ק · יאהלוההים · גי' ב ן ץ פ ך
פשוטות

יְהֹוָה יאהדונהי יִמְלֹךְ

לְעֹלָם יְהֹוָה וָעֶד

מלכיות דחב"ד וחג"ת די"ב פרצופים הנז"ל.

חכמה · א"א · עמיק ונוק' · בינה · או"א · אבא ואימא
חסד
נצח · נה"י · א"א ונוק' · גבורה הוד · נה"י · יסוס"ת

יְהֹוָה מֶלֶךְ · יאהדונהי · יְהֹוָה · יאהדונהי · מֶלֶךְ·

דעת · זו"ן · ז"א נוק'
מ"ה
מספר נקודות ג' · יסוד · נה"י · יעקב ורחל · מס' מלך מלך ימלך
סיום גי' יב"ק · יאהלוההים · גי' מ נ צ פ כ
סתומות

יְהֹוָה יאהדונהי יִמְלֹךְ

לְעֹלָם יְהֹוָה וָעֶד

מלכיות דנה"י די"ב פרצופים הנז"ל.

תרשים ה - ד

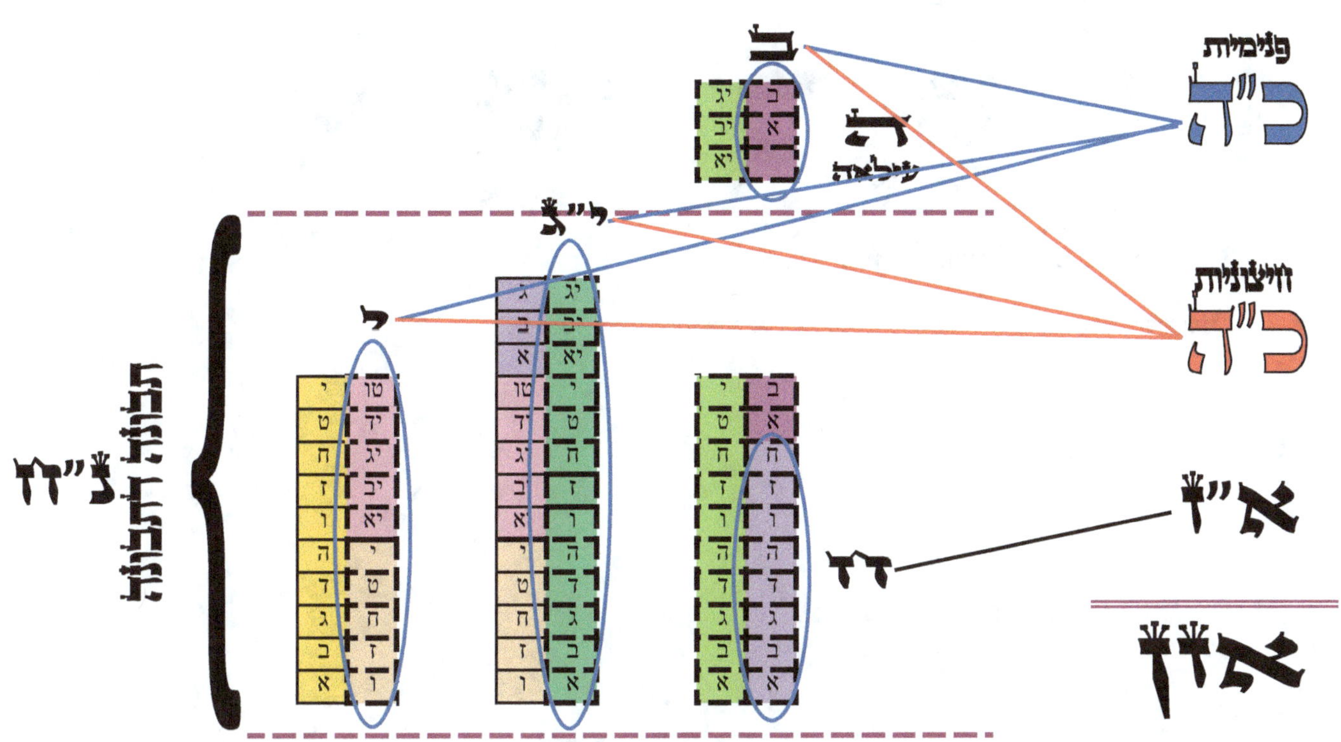

תרשים ה - ה

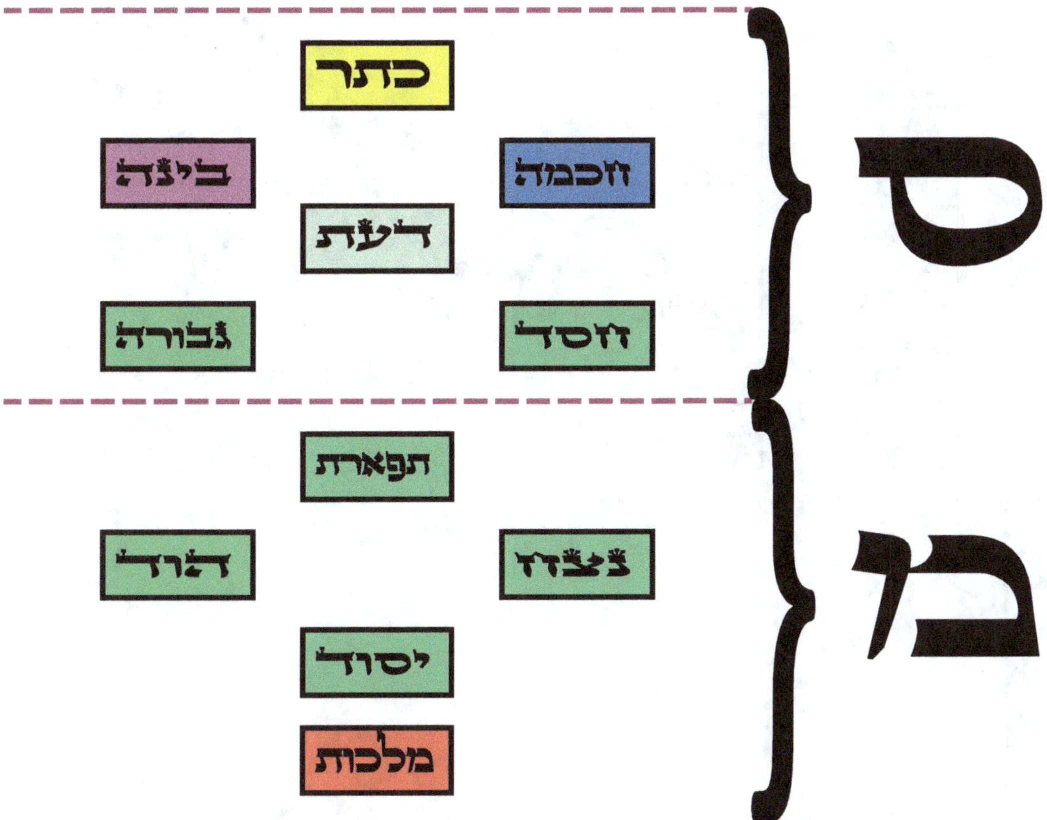

תרשימים שער ד' פרק ה'

תרשים ה - ו

ו' ספירות המתלבשים סז"א, והם התבונה השלישית
א פר ס מ ו ן
בינה
פר דינים שבבינה
ד' ספירות תנה"י המכוסות והם התבונה דתבונה
ו' ספירות המגולות בבינה דתבונה
נ' שערי בינה

תרשים ה - ז

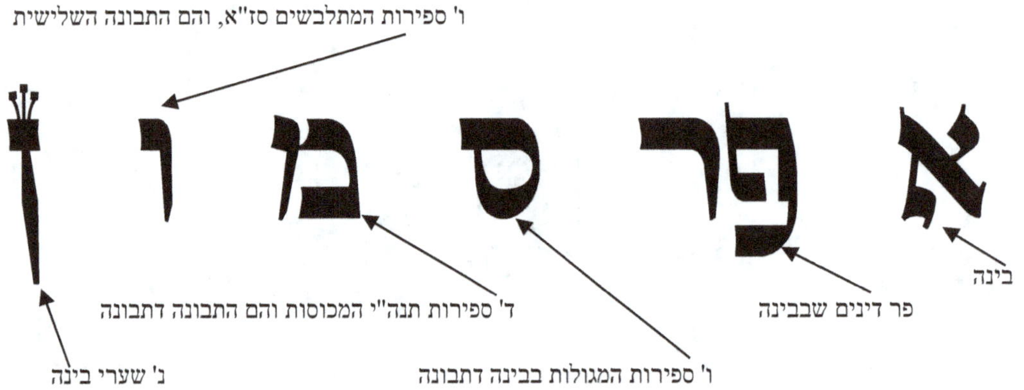

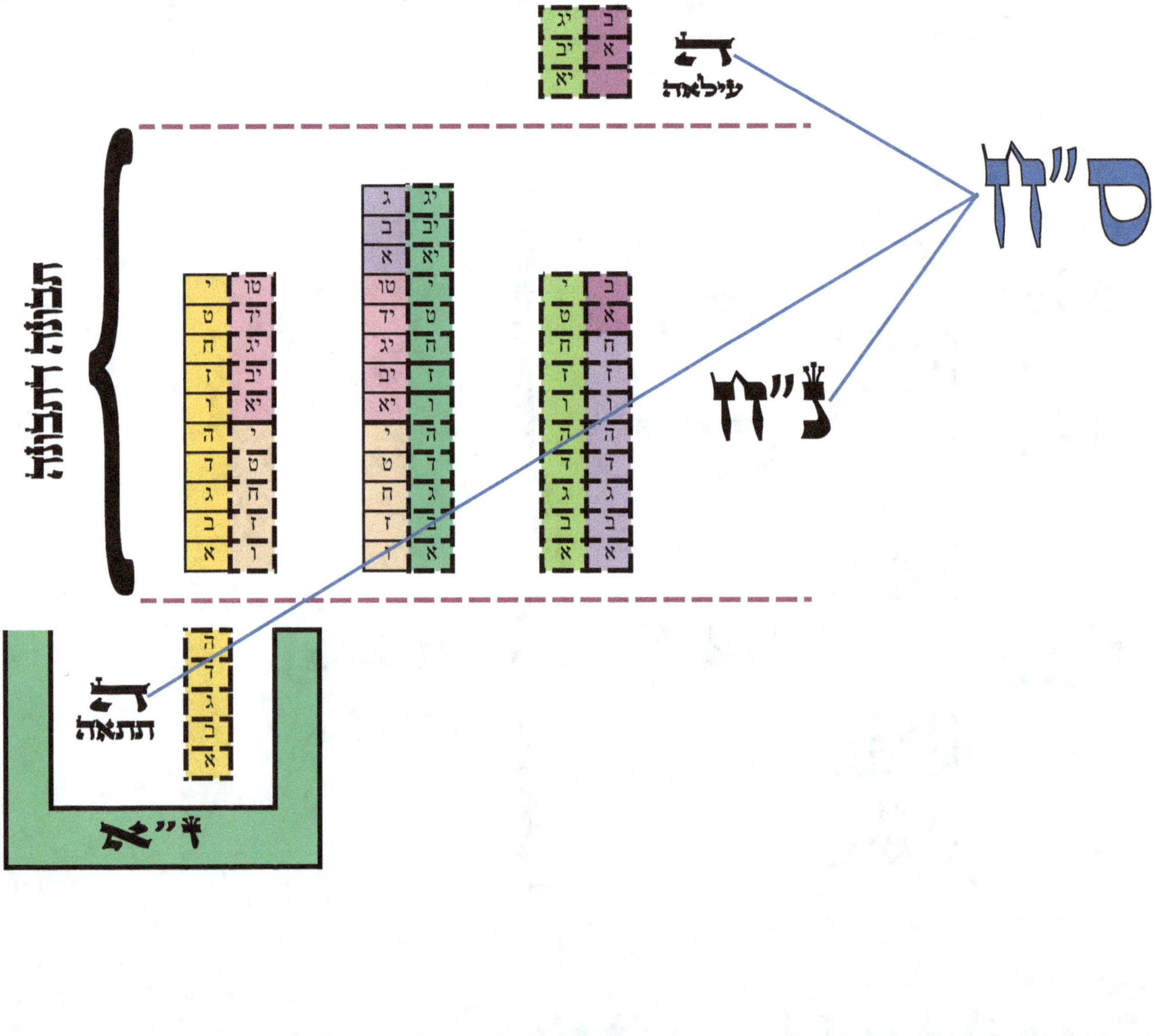
ד' עילאה
ס"זן
נ"זן
תבונה דתבונה
ד' תתאה
ז"א

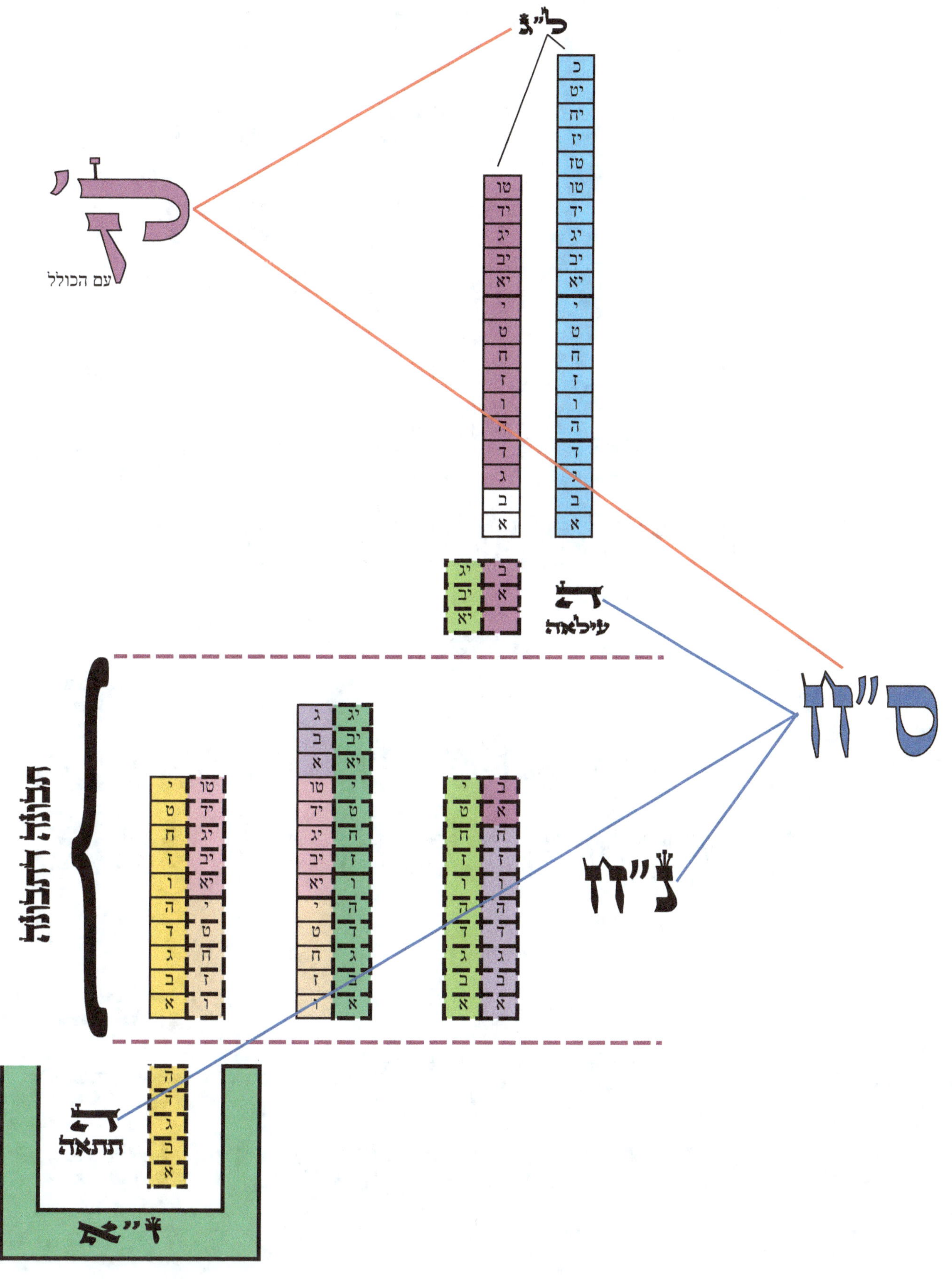
ל"ג
עם הכולל
ל"א
ה
עילאה
ס"ז
נ"ה
ה
תתאה
א"ל

תרשים ה - ט

ה   ד   ו

ה   ד   י

ה   ר   ן

עי"ב

תרשים ה - י

ע"ב

כתר — פשוט — יהוה

חכמה — מלא — יוד הי ויו הי — מ"ב אותיות

בינה — מלא דמלא — יוד ויו דלת, הי יוד, ויו יוד ויו הי יוד,

ס"ג

כתר — פשוט — יהוה

חכמה — מלא — יוד הי ואו הי — מ"ב אותיות

בינה — מלא דמלא — יוד ואו דלת, הי יוד, ואו יוד ואו הי יוד,

מ"ה

כתר — פשוט — יהוה

חכמה — מלא — יוד הא ואו הא — מ"ב אותיות

בינה — מלא דמלא — יוד ואו דלת, הא יוד, ואו יוד ואו הא יוד,

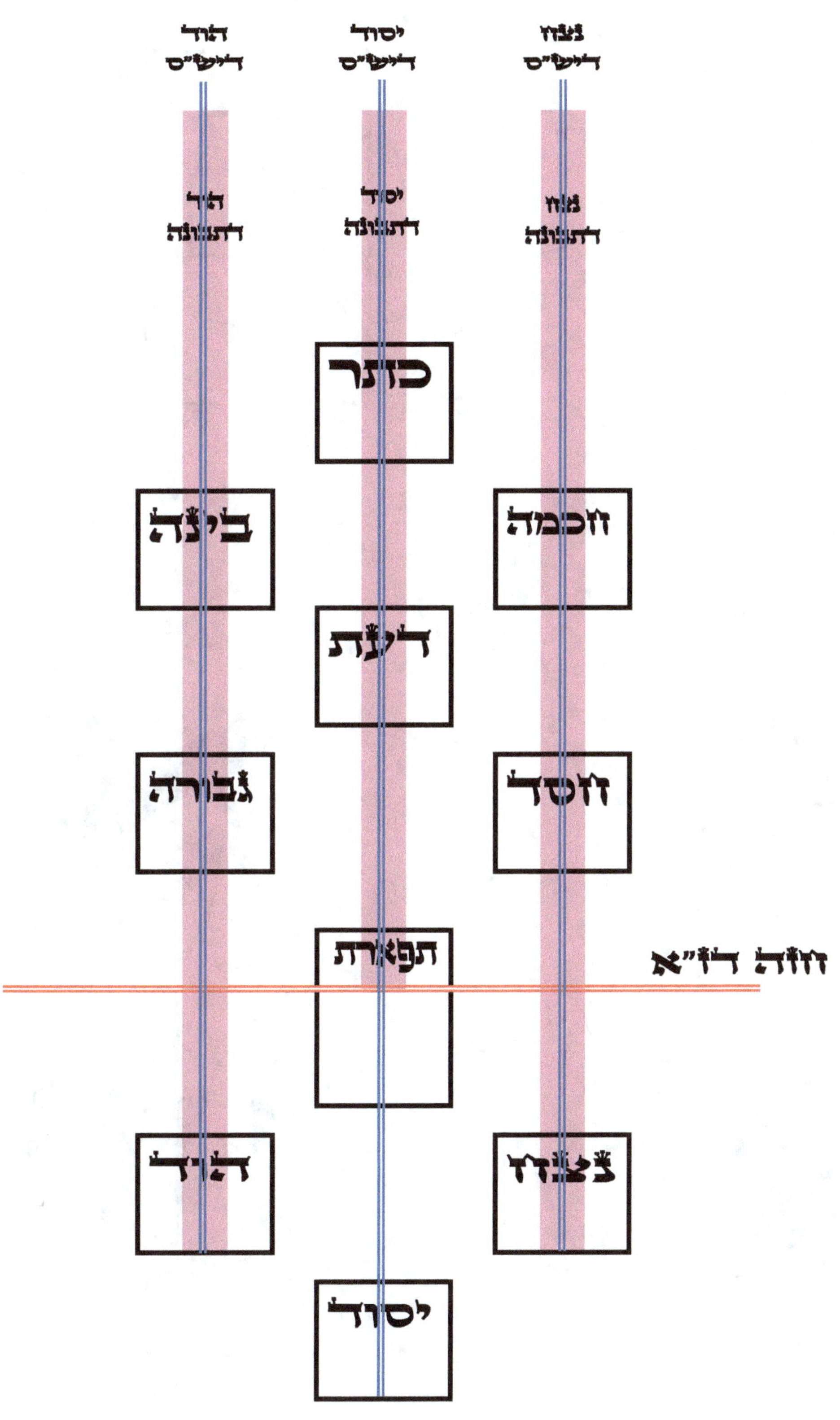

נצח
דיש"ס
יסוד
דיש"ס
הוד
דיש"ס
מוח
דתבונה
יסוד
דתבונה
היד
דתבונה
כתר
חכמה
בינה
דעת
חסד
גבורה
תפארת
חזה דז"א
נצח
הוד
יסוד

תרשים ה - י"ב

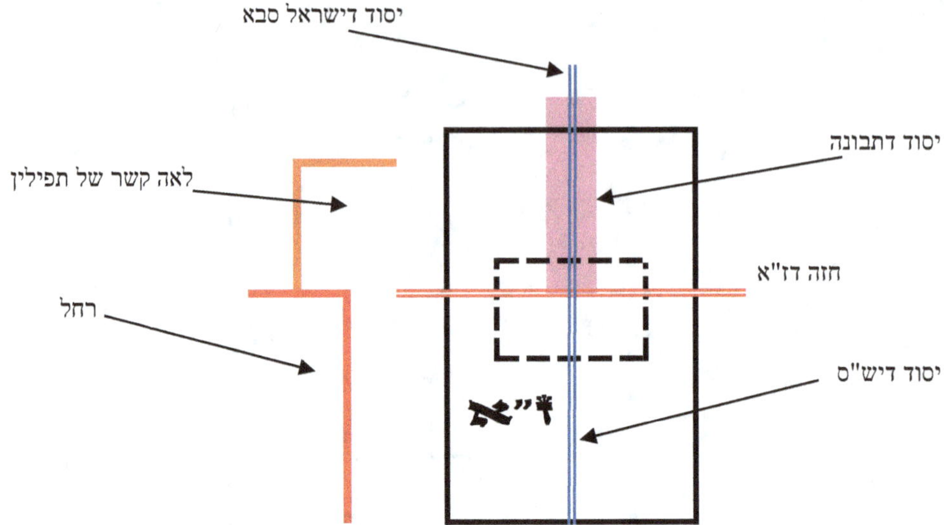

תרשים ה - י"ג

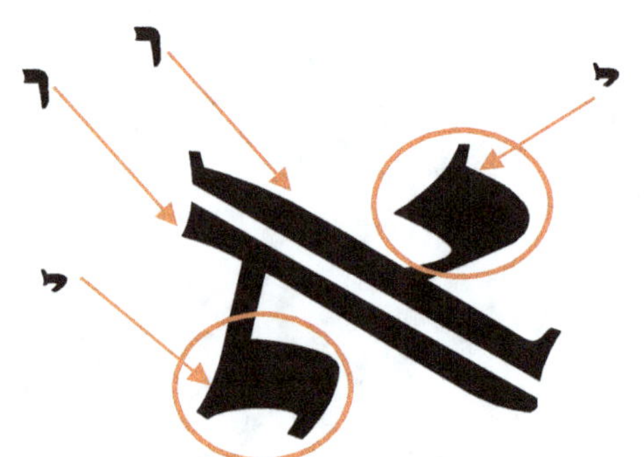

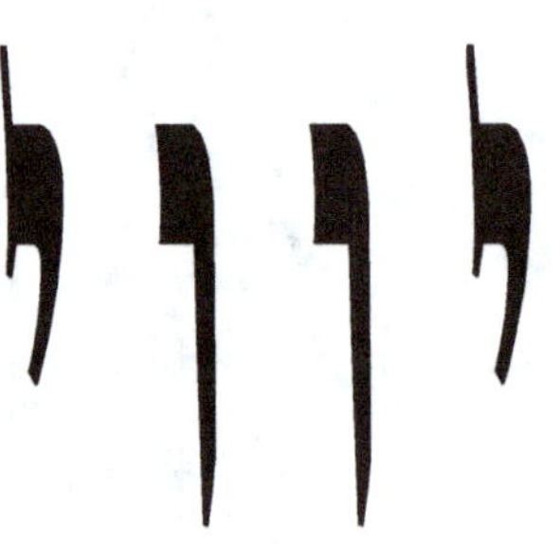

כוונת השולחן

*)כוונת האכילה דמנו"ח

יכוין בכללותה להמשיך שפע ומזון ממילטוניות או"א לזו"ן. ולהמשיך שפע ומזון
מיילה לעשיה. ולברר הטוב שנמאכל ולברר ניצוצי הקדושה המעורבים בו
ע"י מטא אדם הראשון. וגם לתקן איוה נשמת חוטא שנתגלגל בו בטוב,
למקנם ולברירם ע"י ממשבה דאבא.

כוונת ש"ן ול"ב שינים

יוד, יוד ה'י, יוד ה'י ויו,   יוד, יוד ה'י, יוד ה'י ואו,

יוד ה'י ויו ה'י.   יוד ה'י ואו ה'י.

ג'י קפ"ד אמורים דחכמה.   ג'י קפ"ו אמורים לבינה.

קפ"ד וקס"ו ג'י ש"ן שע"י הצינור.

ויכוין כי א' בציור יוו"י א ג'י ל"ב שינים

והם ל"ב נתיבות חכמה שעל ידם הצינור.

כוונת מ"ו

א א' בציור יו"י ג'י כ"ו יהוה   ושניהם ג'י מ"ו מילוי שס ע"ב

למי העליון כנגד חכמה דאבא.   ודי יו י,

והם מו"ב דאבא כי במחשבה

א א' בציור יוד ג'י כ'.   נעשה הצינור.

למי התחתון כנגד בינה דאבא.

*) בסידור דילן סידרנו כסדר הסידור הדפוס, וסידור רבי ניסים עיני, שהביאו את כוונת מטו"ח קודם כוונת
אאע"ה, היפך סידור רביט היד"א ומהרי"י וידאל ועוד ששם סידרו את כוונת אאע"ה תחילה ואח"כ את כוונת
מנו"ת, ובמספריט נקדות הכסף (ח"ג) הרחבט בביאור הענין עיי"ש.

סידור הרשׁ"ש – נקודות הכסף

כוונת נ"ח

א א' בליור יוו"י ג"י ל"ב.   ל"ב וכ"ו ג"י אל יהוה:

וג"י אוכל הנרמז בלחיים

א וא' בליור יוו"ד ג"י כ"ו.   וע"ה ג"י נ"ח.

כוונת התכללות האלפין זה בזה

א יכוין לכלול חצי התחתון דאל"ף לראשונה בחצי התחתון דאל"ף שניה יוד ג"י כ"ו, מלאים מתחוים, אידהיודה הבן בחכמה.

א יכוין לכלול חצי העליון דאל"ף לראשונה בחצי העליון דאל"ף שניה יוי ג"י ל"ב, מלאים עליונים יאדהויהה מכס בבינה

כוונת לחם

א א' בליור יוו"י ג"י ל"ב.   יכוין כי א' בליור יוו"י, וא' בליור יוו"ד, וא' בליור יו"ד, וג"י ע"ה מס' ג' הויו"ת

א א' בליור יוו"ד ג"י כ"ו.   יהוה יהוה יהוה

א א' בליור יו"ד ג"י כ.   מספ' לחם.

כוונת ד"ק

ויכוין לטחון ולדקדק לחם זה כל"ב שיניס

ועל ידי כך יתברר האוכל כמ"ו ונ"מ העולים ד"ק.

א א ג"י מ"ו יוד הי ויו הי   ד אלפין דמ"ו ונ"מ ג"י ד"ק.

לחם וד"ק ג"י יעקב.

א א ג"י כ"ח אל יהוה   מ"ו נ"מ ד"ק ג"י יצחק.

כוונת השולחן

כוונת פ"ד
בבליעת המאכל

א א גי' נ"מ אל יהוה

א גי' כ"ו יהוה

יכוין כי האלפין דיו"י ויו"ד עס א' דיו"י הס גי' פ"ד כמס' אהע"ה שכנרון שהוא אמא שלשם נדמה המאכל מאכא.

וגם פ"ד גי' מנוך שהוא מטט' דילילה שנו אל יהוה גי' אוכל כי אוכל נפש הוא דילילה.

גם יכוין יוד הה וו הה אדני גי' בליעה.

כוונת ש"ע

גם יכוין לחכר את כל הכוונות דאלפין שהס מ"ו נ"מ למ"ס ד"ק פ"ד הס גי' ש"ע נהורין שהס שני שמות מלאים.

אלף למד   אלף למד

ביום יכוין:

אכילה גי' אהיה יוד הא ואו הא גי' אדני
ע"ה שהיא עשיה לכלול מדת לילה ביום.

בלילה יכון:

אוכל גי' אל יהוה שהיא ילירה
כדי לכלול מדת יום בלילה.

ביום ובלילה יכוין:

מאכל גי' יאהדונהי

תרשים ה - ט"ו

תרשים ה - ט"ז

תרשים ה - י"ח

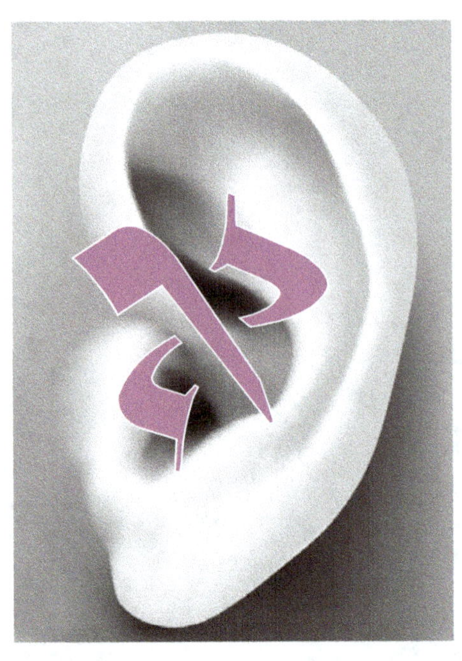 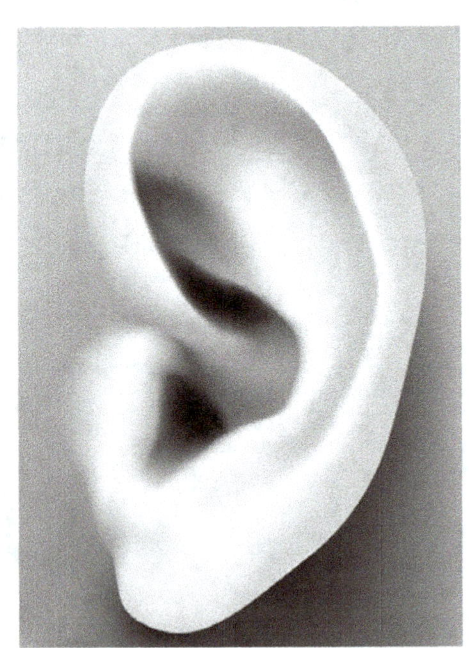

נקודות הכסף – עמידה

תְּהִלָּתֶךְ:

א ב ג ד ה ו ז ח ט י כ ל
מ נ ס ע פ צ ק ר ש ת

להמשיך השפע מאצילות לבריאה.
ופי יגיד תהילתך ר"ת תי"ו, להעמיק כ"ב אותיות.

אלף למד פא, דלת למד תו,
נון ואו נון, יוד ואו דלת.
בגי' ידך.

ופי יגיד תהילתך ס"ת ידך כמספר שם בוכו, להמשיך שם זה מהבינה מיד ימינה להעמיק את ה"ג מנצפ"ך כ"ן דמ"ה שהם מצבעות יד ימין דנוק', וע"י שם בוכ"ו מתמלאת המלכות בד"ל אותיות.

אלף למד פא, דלת למד תו,
נון ואו נון, יוד ואו דלת
בוכ"ו נ"ן דצ"ן יד שמאל דבינה
מנצפ"ך יד שמאל דמלכות.

עוד יכוין להעמיק ה"ג מנצפ"ך דנ"ן דצ"ן, בד"ל אותיות ושם בוכ"ו הנמשך מיד שמאלית דבינה.

ד"ל אותיות דאדנ"י

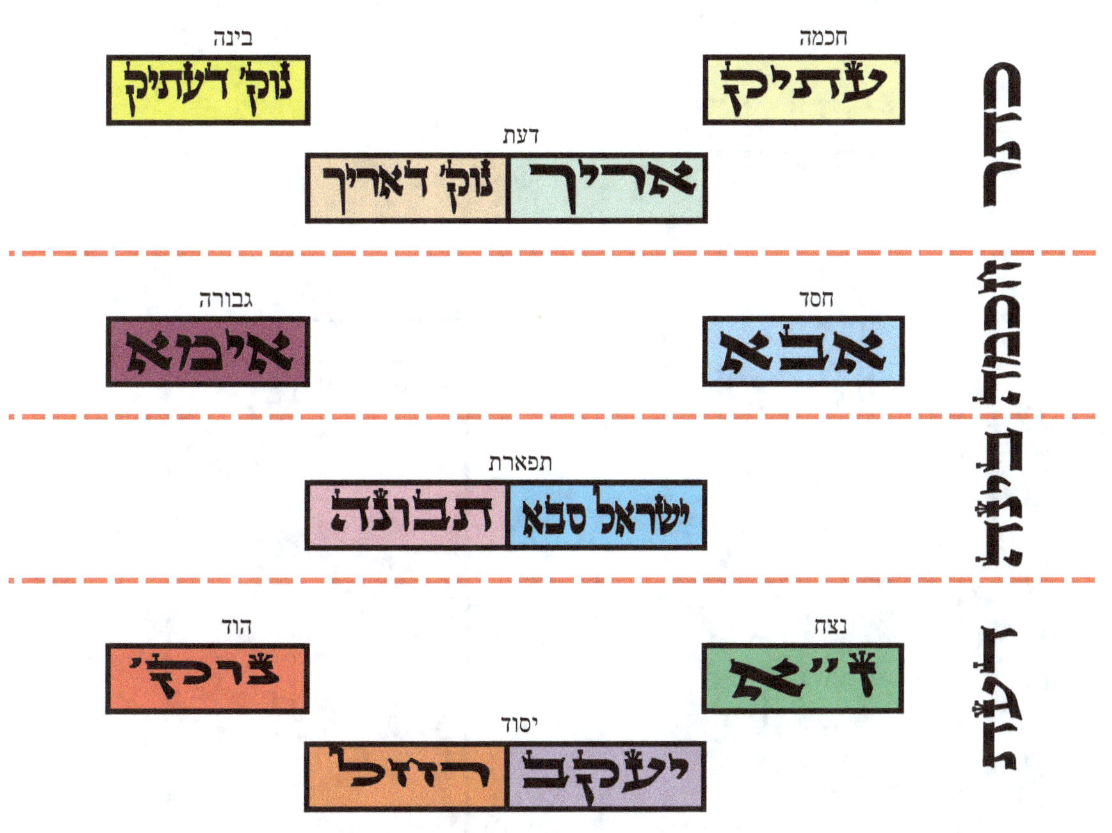

הֲשִׁיבֵנוּ אָבִינוּ מסד דבינה
לְתוֹרָתֶךָ, וְקָרְבֵנוּ מַלְכֵּנוּ
לַעֲבוֹדָתֶךָ, וְהַחֲזִירֵנוּ
בִּתְשׁוּבָה שְׁלֵמָה לְפָנֶיךָ:

יהי רצון מלפניך יהוה אלהינו
ואלהי אבותינו שתתחתור
חתירה מתחת כסא כבודך
ותקבל בתשובה את פב"פ כי
ימינך פשוטה לקבל שבים

ויכוין לקשר החסד שהוא הוי"ה
דסגול הנקרא ימין, עם הבינה
שהיא הוי"ה דסירי הנקרא תשובה,
ותפשוט הבינה את יד ימינה שהוא
הוי"ה דסגול לקבלו בתשובה הנקרא
בינה שהוא הוי"ה דסירי.

מסד דבינה   בינה דבינה
יְהֹוָה   יְהֹוָה

מיבור מסד עם בינה
יְהֹהַוָהֹה

פשיטת יד ימין   תשובה
יְהֹוָה   יְהֹוָה

נקוד צרי →

בָּרוּךְ אַתָּה יְהֹוָה   אלדוני   פנימיות דפנימיות

להמשיך אור עם הויה דלירי מז"ת, ומהיה דלירי מג"ר, דבינה דאחור ופנים
דפנים דהכמה דכתר דז"א, ולימעו בנשיקה לפיה דניקוד הני' דנוק'.

בינה דז"א ונוק' →

לבינה דנוק'

אֲהֲיֶה
יְהֹוָה

ג' כלי בינה דנוק'
אלף הה יוד הה
אהיה
א אה אהי אהיה

מו"פ ומו"מ דבינה דז"א

אֲהֲיֶה
יְהֹוָה

מי' ספירות דבינה דז"א
אלף, אלף הא, אלף הא יוד, אלף הא יוד הא
אלף הא יוד הא
אהיה

הָרוֹצֶה בִּתְשׁוּבָה:

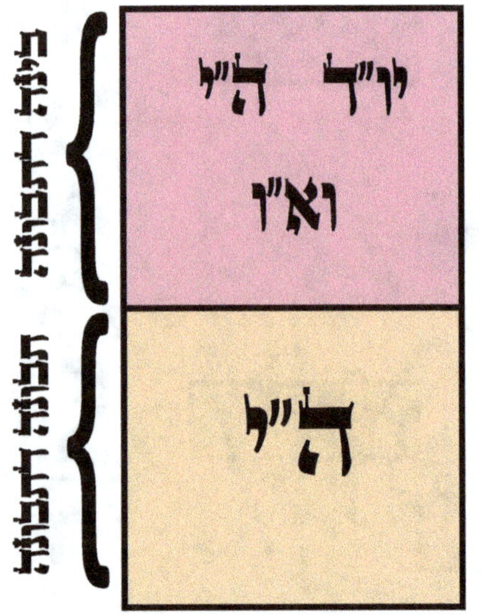

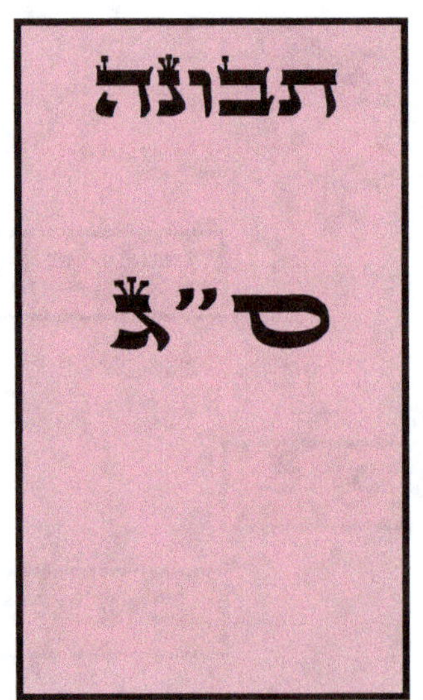

הוי"ה	עסמ"ב	נרנח"י	פרצוף	ספירה	עולם
קוץ י'		יחידה	א"א	כתר	א"ק
י	ע"ב	חיה	אבא	חכמה	אצילות
ה	ס"ג	נשמה	אימא	בינה	בריאה
ר	מ"ה	רוח	ז"א	חג"ת נה"י	יצירה
ה	ב"ן	נפש	נוק'	מלכות	עשיה

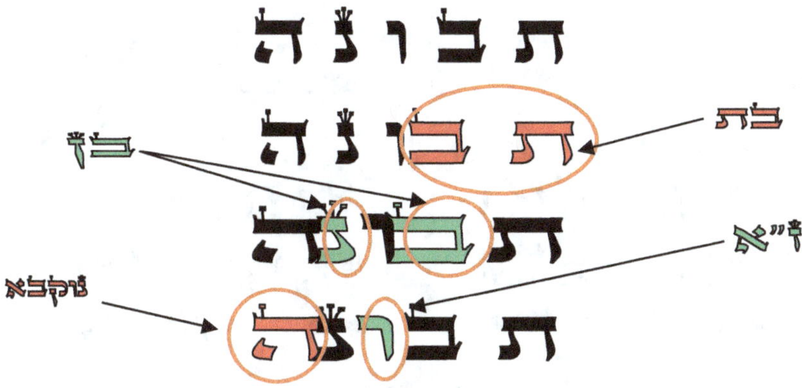

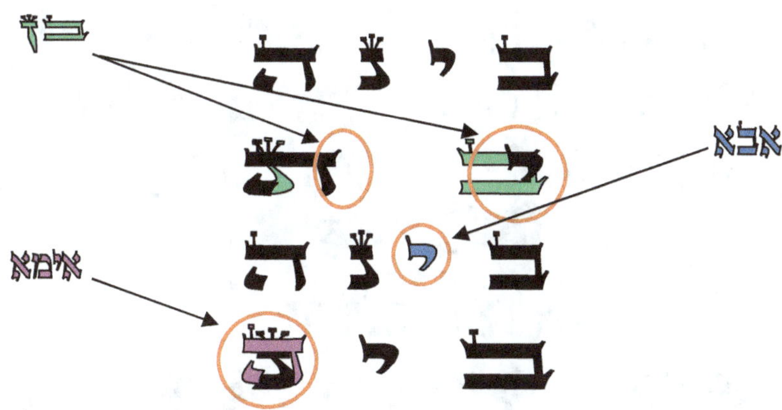

תרשים ה - כ"ו

ריבוע ע"ב - קפ"ד	ריבוע ע"ב - קפ"ד

יו"ד ה"י, יו"ד ה"י וי"ו, יו"ד ה"י וי"ו ה"י   יו"ד, יו"ד ה"י, יו"ד ה"י וי"ו, יו"ד ה"י וי"ו ה"י

ש"ע

עם ב' כוללים

מלוי א"ל - קפ"ה	מילוי א"ל - קפ"ה

אלף למד   אלף למד

ש"ע

תרשים ה - כ"ז

ו' פעמים ס"ג גמטריא שע"ח

אוזן ימין	אוזן שמאל
יו"ד ה"י וא"ו ה"י	יו"ד ה"י וא"ו ה"י
יו"ד ה"י וא"ו ה"י	יו"ד ה"י וא"ו ה"י
יו"ד ה"י וא"ו ה"י	יו"ד ה"י וא"ו ה"י

שע"ח

תרשים ה - כ"ח

אוזן ימין	אוזן שמאל
יו"ד ה"י וא"ו ה"י	יו"ד ה"י וא"ו ה"י
יו"ד ה"י וא"ו ה"י	יו"ד ה"י וא"ו ה"י
יו"ד ה"י וא"ו ה"י	יו"ד ה"י וא"ו ה"י

שע"ח

חוטם

יו"ד ה"י וא"ו ה"י

א מ ת

תרשים ה - ל

מלוי א"ל - קפ"ה   מילוי א"ל - קפ"ה

אלף למד   ש"ע   **אלף למד**

יוד הי ויו הי   יוד הי ויו הי

זה דזוורתי

שׁעַ"זַח

תרשים ה - ל"א

יכוין לעשות עצמו מרכבה וכסא לאדם דאצילות דקדושה.

גלגלתא כתר

מוח שמאל בינה   **יְהוָֹה**   מוח ימין מחכמה

יְהוָֹה   **יַהֲוֶֹה**

אזן שמות ב"ח

חותם שמות ס"ג

דעת עליון

מזן שמאל   יוד הי ואו הי   יוד הי ואו הי   מזן ימין
פנימי   יוד הי ואו הי   פנימי
יוד הי ואו הה   יוד הי ואו הי   יוד הי ואו הי   יוד הי ואו הה
מילון   יוד הי ואו הי   מילון
כמס' אל יהוה   יוד הי ואו הי   כמס' אל יהוה
ע"ה   ע"ה

עין שמאל דאצילות   דעת תחתון   עין ימין דאצילות

יוד הי ויו הי   **יְהוָה יְהוָה**   יוד הי ויו הי
יוד הי ויו הי   יוד הי ויו הי
יוד הי ויו הי   חוטם   יוד הי ויו הי
יוד הי ויו הי   נקב שמאל   נקב ימין   יוד הי ויו הי
יוד הי ויו הי   ממוצע   יוד הי ויו הי

אהיה אהיה אהיה מילוניות

אהיה יהוה אהיה חוטם עס ד' אותיות והכולל,

גי' מייס.

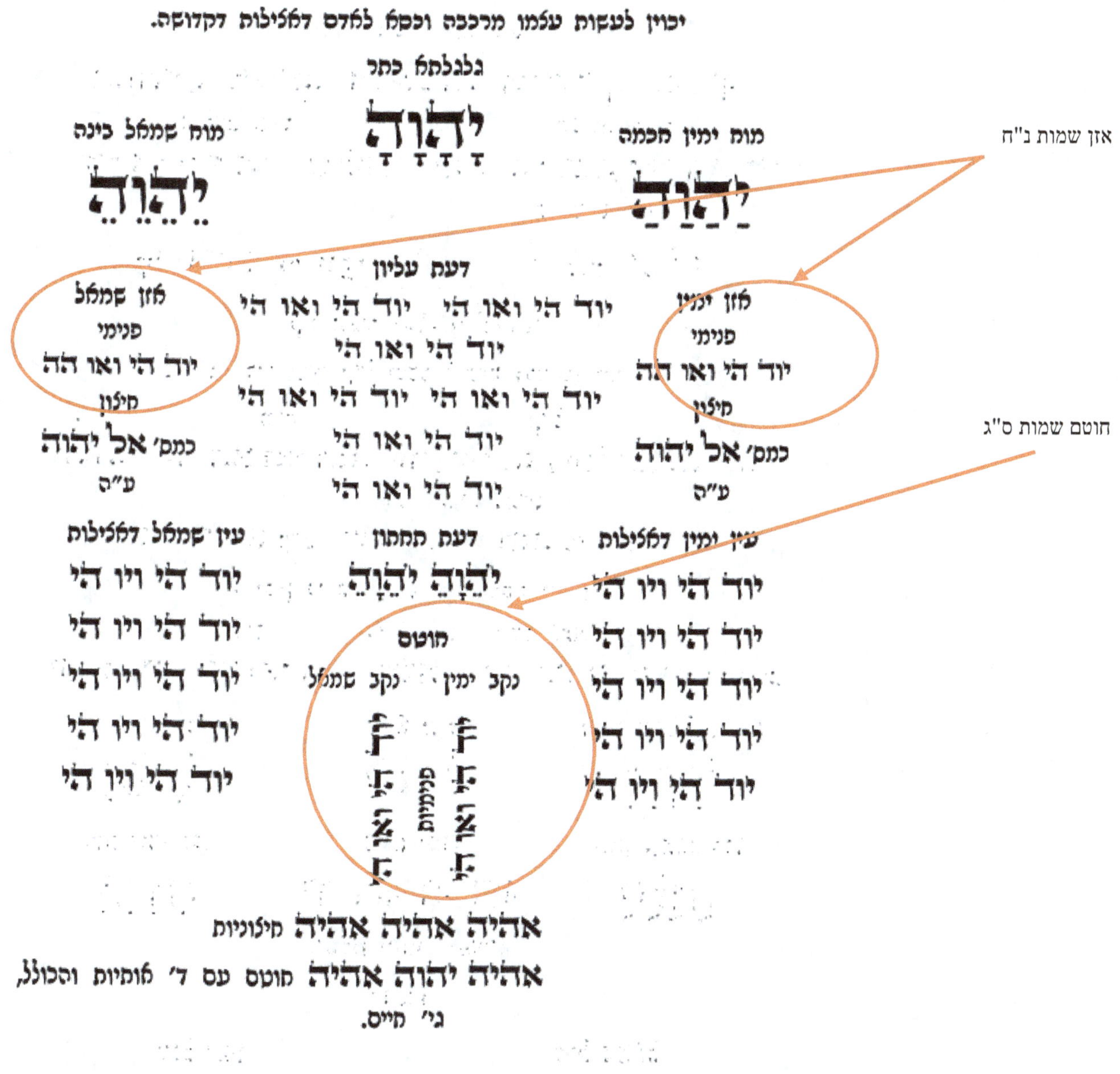